La nation européenne

DU MÊME AUTEUR

L'Enquête hongroise (puis polonaise, italienne et autrichienne), Flammarion, 2019.

Dans l'ivresse de l'Histoire, Flammarion, 2017 ; J'ai lu, 2018.

Intime conviction. Comment je suis devenu européen, Seuil, 2014.

L'An I des révolutions arabes, Belin, 2012.

Avec Alain Juppé et Michel Rocard, *La Politique, telle qu'elle meurt de ne pas être*, JC Lattès, 2011.

Avec Jean Lacouture, *Le monde est mon métier. Le journaliste, les pouvoirs et la vérité*, Grasset, 2007.

Avec Philippe Labarde, *L'Europe fédérale*, Grasset, 2002.

Géopolitique, Éditions de l'Olivier, 1995.

Éloge de la tortue. L'URSS de Gorbatchev (1985-1991), Le Monde Éditions, 1991.

Avec Bruno Barbey, *Pologne*, Arthaud, 1982.

Avec Claude Neuschwander, *Patron mais...*, Seuil, 1975.

Bernard Guetta

La nation européenne

Récit

Flammarion

ISBN : 978-2-0804-1967-5

À Pierre Guetta, mon père

« On ne croit qu'en ceux qui croient en eux. »

Talleyrand

Deux aveux, trois convictions

Je ne savais pas ce qu'était la vie politique. Lorsque je suis devenu eurodéputé, en 2019, je n'avais pas non plus la moindre idée du fonctionnement d'un Parlement mais trois convictions m'habitaient.

La première était que la question russe était centrale. Je n'en doutais pas car, trente ans plus tôt, comme correspondant du *Monde* à Moscou, j'avais vécu les moments qui portaient en germe le retour de la guerre en Europe. J'avais été témoin de la cécité avec laquelle les Occidentaux avaient refusé d'aider Gorbatchev à sortir du communisme. J'avais vu l'URSS se défaire et un déséquilibre international succéder à l'équilibre de la terreur sans que personne, ni les Russes, ni les Européens, ni les Américains, ne se soit soucié de jeter les bases d'un nouvel ordre mondial.

La crise couvait depuis et seule l'unité européenne – j'en étais convaincu depuis la chute du mur – pouvait offrir au monde un nouveau pôle de stabilité.

Quant à ma troisième conviction, elle était que la donne internationale avait une nouvelle fois changé, du tout au tout, avec l'annexion de la Crimée en 2014, la victoire de Donald Trump en 2016, la croissance des dépenses militaires chinoises et l'élection, en France, d'un avocat de la « souveraineté européenne ».

J'ai beaucoup appris au Parlement. J'y ai initié des batailles et participé à la mobilisation en faveur du Bélarusse et de l'Ukraine. J'y ai vu l'Union se rallier à l'idée d'une Défense commune et entamer sa marche vers l'Europe politique. J'y ai tant évolué aussi que ce récit est celui d'une profonde et double mue, d'un homme et de l'Europe.

1

À Donald Trump, père refondateur de l'Union

J'avais de nouveau dix ans. Presque aussi perdu que je l'étais alors, je revivais mon entrée en sixième avec pour seule différence que j'étais bichonné, rassuré, accompagné dans tous mes pas et constamment éclairé sur tout et tout le monde par une figure de ce Parlement mythique dont j'étais devenu député.

Mélanie avait été l'assistante d'une pléiade d'élus dont l'ombre plane encore sur la représentation européenne. Tous avaient tant insisté pour que je l'embauche que je craignais qu'ils ne veuillent m'inscrire, à travers elle, dans une trop pesante filiation. J'hésitais mais le courant passait et Mélanie en était déjà, comme elle n'a cessé de le faire depuis, à calmer mes indignations et prévenir mes maladresses.

« Mais quoi ! Le Parlement fournit une tablette à chaque élu ? Plus de sept cents tablettes et je dois faire la queue pour devenir complice de cette gabegie ? » Sourire de Mélanie : « C'est extrêmement utile.

Vous ne vous en passerez plus. » Ah ouais ? Vraiment ? J'en doutais beaucoup et ne me suis d'ailleurs jamais servi de cet écran de trop mais je n'ai pas eu le temps d'argumenter car…

« Et ça ? Vous avez vu ça ? Il faut que je m'engage à ne pas harceler mes collaborateurs ! Pourquoi ne pas m'engager à ne pas les violer ? Pourquoi ne pas me demander de ne tuer personne ? Je ne signe pas ! Pas question. » Sourire de Mélanie : « Vous ne resterez pas inaperçu, mais vous imaginez la suite ? Cinq ans à vivre avec l'étiquette du député qui avait refusé de s'engager à ne pas sexuellement abuser de sa position ? »

J'ai cédé. Je ne savais pas encore que j'allais devoir céder non pas à toutes mais à beaucoup de ces convenances de l'heure qui sont aussi fortes au Parlement européen que le puritanisme le fut dans la Grande-Bretagne du XIXe siècle. J'ai même accepté ce cadrage de face, regard droit, pas de lunettes, qui aura fait de moi un serial killer sur mon badge et le trombinoscope du Parlement mais, bon…

Au soir d'une journée de files d'attente, tout avait été réglé en moins de neuf heures. J'étais tamponné de partout, déjà habitué à ce qu'on me donne du « Monsieur le député » et les services financiers avaient enregistré mes trois numéros de compte, mon compte parisien sur lequel j'avais demandé qu'on vire mon indemnité parlementaire et les deux comptes que j'avais dû ouvrir à Bruxelles : le compte dit « voyages » pour l'indemnité forfaitaire couvrant les frais d'hôtel et de restaurant durant les journées de présence au Parlement, et le compte « bureau », les frais de fonctionnement – « le forfait gommes, crayons », disait Mélanie – dont j'allais régulièrement rembourser une large part car je n'ai pas de permanence parisienne à financer.

À l'heure du dîner, Mélanie était embauchée et la journée m'avait appris que le Parlement était scrupuleusement *Me Too* mais cultivait un étrange rapport à l'argent. Ce Parlement ne se soucie pas de contrôler l'utilisation de frais de bureau pourtant conséquents. Il accepte de financer deux sièges au lieu d'un, Bruxelles et Strasbourg, trois même en comptant les bureaux de Luxembourg, veille bien mal, je le découvrirai plus tard, aux dangers de corruption mais peut se montrer très bureaucratiquement tatillon sur les frais de déplacement.

Chaque institution a ses étrangetés, toutes inscrites dans son histoire. J'ai souvent rêvé d'y changer mille choses. J'avais même fait un tabac en proposant que les rapports et résolutions ne s'ouvrent plus sur trois pages d'interminables « considérant que… » (*whereas* en anglais) qui pourraient avantageusement devenir des notes de bas de page. J'ai cru la chose faite mais, sauf pour les résolutions d'urgence, rien n'a bougé parce qu'on a toujours fait ainsi et qu'il aurait fallu des dizaines de réunions pour décider des nouvelles instructions à donner aux fonctionnaires en charge des recherches et premières moutures.

Les deux sièges, alors ?…

Je me perdais encore dans les couloirs bruxellois que des collègues scandinaves sont passés à l'attaque :

« Vous savez à combien reviennent les seuls allers-retours entre les deux sièges ? À 200 millions par an, Bernard ! Alors vous qui êtes journaliste, allez-y ! Faites bouger les choses puisque seul un Français pourra le faire. » J'étais mal à l'aise car il y avait des années déjà, bien avant que je ne sois élu, que je pensais que la France avait tort de s'accrocher aux traités pour conserver ce qui n'est même pas vraiment le siège du Parlement mais quatre jours de plénière par mois dans des bâtiments qui restent voués au sommeil tout le reste du temps. Par son intransigeance, m'étais-je souvent dit, la France ne fait que compliquer la vie des eurodéputés et imposer d'invraisemblables dépenses alors que son rayonnement comme ses finances seraient bien mieux servis si elle obtenait à la place, dans ces mêmes bâtiments qui pourraient être aisément reconvertis et agrandis, l'installation de la future Défense commune et de ces campus paneuropéens d'excellence dont nous n'avons toujours pas su nous doter.

J'aurais donc pu dire à ces Scandinaves que j'étais d'accord avec eux mais j'ai contre-attaqué : « Et vous nous proposez quoi en échange ? » Ils en sont restés cois car, d'ordinaire, nous répondons, nous Français, que le Parlement doit rester à Strasbourg parce que cette ville incarne, et c'est vrai, la réconciliation franco-allemande sur laquelle l'unité européenne s'est développée. Nous invoquons l'Histoire mais je m'en suis abstenu. Je leur ai plutôt fait valoir, donnant-donnant, qu'aucun État membre n'abandonnerait sans compensation un avantage inscrit dans les traités, que nous n'aurions, nous non plus, aucune raison de le faire et que c'était donc à eux, aux autres, à nos partenaires européens, de nous faire une proposition que nous ne puissions pas refuser. Ils ne sont plus jamais revenus à la charge mais ce fut à mon tour de rester sans voix lorsque j'ai tenté de convaincre des élus français que nous devrions faire discrètement savoir aux autres États membres que nous étions disposés à revenir sur le double siège à condition de n'y rien perdre.

À la frontière franco-allemande, leur disais-je, nous pourrions ainsi faire de l'Alsace et de sa capitale le cœur de l'Europe politique à venir, de sa Défense, de sa Recherche et de la formation de ses fonctionnaires et de ses meilleurs universitaires : notre Ivy League et notre Pentagone à la fois, peut-être aussi notre Langley. Pour Strasbourg, pour l'Alsace, pour la France, avais-je poursuivi, ce serait tout autre chose qu'une session mensuelle et nous n'aurions, pour cela, qu'à abandonner un siège que nous ne pourrons pas éternellement conserver et à pleinement consacrer une ville non pas française mais francophone, Bruxelles, comme capitale de l'Union. Je m'enivrais moi-même de cette évocation à mes yeux irrésistible. Il n'y avait rien à objecter, n'est-ce pas ? Alors, on y va ? On pose des jalons, prévient l'Élysée et mobilise sans plus attendre la mairie de Strasbourg ?

Mes collègues ont eu pour moi le sourire attendri que suscite le petit garçon rêvant de devenir pompier et, dans le silence qui s'est ensuivi, j'ai compris que je ne comprenais rien à la politique telle qu'elle se meurt d'être encore. Comment ça ? Je ne savais pas ? Je ne comprenais pas qu'à seulement songer à renoncer au siège strasbourgeois tout parti commettrait un suicide car il y perdrait l'Alsace ?

Eh bien non, ça ne m'avait pas effleuré. Ce n'est pas l'idée que je me fais de la politique car je crois qu'on a tout à gagner à ne pas sous-estimer l'intelligence des électeurs et à leur parler vrai mais, même au Parlement européen, moins qu'ailleurs mais tout de même, les calculs d'apothicaire peuvent l'emporter sur les visions d'avenir. C'est si vrai qu'il m'est arrivé de me dire, dans des nuits d'insomnie, que je ne voulais plus être mêlé, même indirectement, à ces intrigues de cour de récré et démissionnais dès le lendemain mais ce Parlement, je l'ai pourtant adoré dès mon entrée en sixième, dès la tablette, dès la photo d'assassin et mon engagement à ne violer personne. Je l'ai aimé comme j'aime toujours franchir, à New York, les portes de l'ONU, y voir l'humanité rassemblée dans la filiation des Lumières et toujours tenter, comme Sisyphe, vainement mais obstinément, de défendre la paix et les droits de l'Homme dans la liberté, l'égalité et la fraternité des nations. Oh, ne me dites pas ! Je n'ignore évidemment pas la somme de petits arrangements et de grandes saloperies qui se drape quotidiennement de ces nobles principes mais en quoi les vices du Vatican devraient-ils faire oublier les vertus du christianisme ?

Est-ce parce que l'on ne parvient pas à réaliser ce vers quoi l'on dit vouloir tendre qu'il faudrait déplorer qu'au lendemain de la Seconde Guerre mondiale, le monde se soit donné pour objectif le droit et la justice plutôt que la loi de la jungle, la protection du plus faible plutôt que le droit du plus fort ?

On en est loin, hélas ! C'est même à reculons que nous marchons mais la noblesse des ambitions que se sont fixées les nations en se réunissant dans l'Organisation des Nations unies n'en est que plus précieuse à l'heure du retour aux nationalismes conquérants, aux fanatismes religieux et à l'exaltation des traditions les plus rétrogrades.

Le ciel s'assombrit mais, dès mon premier jour de membre de ce Parlement, de cette ruche polyglotte et constamment sur la brèche, j'ai physiquement perçu que, loin du si fragile théâtre onusien, loin de cette impuissance mondiale, l'Union européenne avait réussi là où l'ONU a tellement échoué. À six, à neuf, à douze, à vingt-huit, à vingt-sept et, un jour, beaucoup plus, l'Union a fait d'un nombre toujours croissant d'États européens un ensemble régi par des règles de droit, assurant la paix entre ses membres, aimantant par ses succès les Balkans et jusqu'aux confins du Caucase, gouverné par des institutions communes, uni par une même monnaie et élisant au suffrage universel un Parlement paneuropéen, plein de défauts et souvent même de ridicules, une énorme machine que j'allais bientôt appeler « l'aéroport » tant il est vaste, ses ailes nombreuses et ses couloirs interminables mais qui n'en est pas moins une vivante et ambitieuse représentation directe des quelque 450 millions de citoyens de l'Union.

La force de cette singularité, je l'ai ressentie aussi vite que, dès sa descente d'avion, le journaliste que je suis commence à sentir une situation à d'imperceptibles riens, à l'attitude du tronc dans la guérite de police, à la prudence ou la jovialité du chauffeur de taxi, au sourire ou à la fuite des passants abordés au prétexte de leur demander un chemin.

Tenez. Partout ailleurs, nous nous serions ignorés, lui, l'ancien cadre du parti communiste polonais et moi, l'ancien correspondant du *Monde* à Varsovie. Aux temps de Solidarité, de l'état de guerre et du général Jaruzelski, nous appartenions à des mondes opposés mais là, nous savions que nous avions un monde à bâtir ensemble et le Français que je suis intéressait le social-démocrate qu'il était devenu car, bleus et vétérans mêlés, gauche, droite et centre confondus, la France avait la cote au Parlement.

Ce n'est pas seulement que les discours européens d'Emmanuel Macron avaient marqué les esprits et rendu son élan à une Union paralysée depuis que le « non » français avait enterré son projet de Constitution en 2005. C'est aussi qu'il y avait Trump. C'est surtout que les États-Unis étaient gouvernés depuis deux ans par un président aussi imprévisible qu'imprévu, dénonçant l'Union comme un concurrent économique auquel il se faisait fort de tordre le cou et, plus stupéfiant encore, pourfendant l'Alliance atlantique qu'il faisait mine de vouloir quitter et comparait à l'ALENA, l'accord de libre-échange entre les États-Unis, le Mexique et le Canada dont il avait juré la mort.

Avant Trump, il y avait dans l'Union les Français et les autres. Les Français plaidaient pour une Défense commune et l'affirmation de l'Union en acteur politique de la scène internationale. Les autres, tous les autres, rejetaient en bloc cette idée d'« Europe puissance » dans laquelle ils ne voyaient qu'un fruit de l'antiaméricanisme prêté aux Français, qu'un projet mégalomane et fou qui risquait d'éloigner la puissante Amérique de la fragile Europe et de les contraindre, pire encore, à investir dans leur Défense puisqu'ils ne pourraient plus compter sur Washington pour le faire à leur place.

Cette question de la Défense commune avait ainsi dessiné deux Europe. Il y avait longtemps eu celle des Français et celle des autres, celle des « atlantistes » dont les rangs s'étaient étoffés avec l'élargissement aux anciens pays communistes d'Europe centrale et dont les Britanniques s'étaient faits chefs de file, poussant aussi l'idée que l'unité européenne aurait dû se limiter au Marché commun, point à la ligne. Dans cette Union qu'elle avait inventée, la France était devenue un parent fantasque et embarrassant que seuls la force de son économie, l'excellence de ses armées, la taille de sa population et son tandem avec l'Allemagne avaient préservé de la marginalisation mais, soudain, tout s'était inversé.

Coup sur coup, en l'année-tournant qu'allait constituer 2016, les Britanniques avaient donné la majorité au Brexit et les Américains avaient élu Trump.

Les atlantistes européens n'avaient plus de chef de file à Londres et s'entendaient brutalement dire par la Maison-Blanche que les Américains ne rasaient plus gratis et qu'il était temps qu'ils mettent la main à la poche, à leur poche, pour se défendre eux-mêmes.

Or si M. Poutine n'avait pas encore envahi l'Ukraine, il avait déjà annexé la Crimée et refait une dictature de la Russie tandis que la Chine faisait exploser ses dépenses militaires et que les chaos s'approfondissaient au sud de la Méditerranée. L'Europe n'avait aucune raison de se sentir en sécurité. Elle était, bien au contraire, tellement menacée sur trois fronts et délaissée sur le quatrième qu'entrant au Parlement, je me sentais plutôt fiérot d'appartenir à une nation qui avait toujours su plaider, seule ou pas, la nécessité d'une Défense européenne.

Parce qu'ils avaient vu juste sous tous leurs présidents depuis de Gaulle, parce qu'ils avaient été les seuls à mettre en garde contre l'inévitable moment où le parapluie américain se refermerait et qu'ils avaient été les seuls, avec les Britanniques mais des Britanniques qui n'étaient désormais plus là, à ne jamais relâcher leur effort de Défense, les Français étaient maintenant aussi reconnus et attendus qu'ils avaient irrité jusqu'en 2016.

Je le sentais à la manière dont ceux des élus qui m'avaient connu comme journaliste venaient m'interroger sur les intentions de l'Élysée. Chaque fois, j'entendais et voyais à quel point l'idée de Défense commune ne constituait plus le tabou qu'elle avait été et faisait désormais l'objet d'un large consensus.

Alors oui, bien des choses m'agaçaient, me fâchaient, me choquaient dans ce premier contact avec l'institution dans laquelle j'entrais, mais tout flattait en même temps ma fierté nationale car désormais, allais-je pouvoir marteler d'interventions en articles et interviews, l'Union « parlait français ».

Je ne savais pas déjà à quelle vitesse cela deviendrait encore plus vrai qu'en ce jour de rentrée des classes. Je n'avais pas encore vu croître, dans toute l'Union, l'intérêt pour ce Parlement que tant d'Européens avaient si longtemps ignoré. Nous n'en étions qu'au tout début du processus qui allait bientôt faire entrer l'Union dans ce que j'appellerai vite, de tribunes en débats, le « troisième moment » de son Histoire : la construction d'une Union politique après la formation du Marché commun et l'introduction de la monnaie unique.

C'était loin d'être fait. On n'y était pas à ce troisième acte mais on en prenait le chemin, clairement, vraiment, car Trump n'avait pas seulement fait tomber le tabou de la Défense commune. Il avait aussi considérablement rapproché ceux des États de l'Union qui avaient appartenu au bloc soviétique et ceux qui s'étaient reconstruits, après la guerre, dans le « monde libre » comme on disait alors, à l'Ouest et sous protection américaine.

Entre ces deux groupes d'États aux histoires et aux voisinages si différents, la question russe, celle des rapports que l'Union devait entretenir ou pas avec Moscou, avait tracé depuis l'élargissement une frontière de défiance et d'incompréhensions réciproques.

Il s'agissait là d'un débat autrement plus passionnel que celui de la Défense, non plus de théories et de stratégie mais de blessures et de vécu car la Russie avait laissé à ses anciens vassaux trop de cruels souvenirs pour ne pas leur inspirer d'immenses peurs que les États de l'ancien monde libre étaient loin de se représenter.

Pour les pays sortis du soviétisme, la préoccupation majeure était de décourager les tentations de reconstruction de l'Empire russe qu'ils dénonçaient matin, midi et soir en s'effarant de n'être pas plus entendus par les autres États membres de l'Union qui, eux, ne croyaient pas à la réalité d'une volonté de reconquête russe. Allemagne et France en tête, tous les anciens pays du monde libre étaient avant tout habités par le désir de jeter les bases d'une stabilité et d'une prospérité de l'ensemble du continent et de trouver donc un *modus vivendi* avec la Russie, puissance pauvre qu'ils ne craignaient plus.

Les uns s'inquiétaient d'une « naïveté » de Paris et Berlin. Les autres s'agaçaient d'être pris pour plus bêtes qu'ils ne l'étaient et reprochaient aux pays d'Europe centrale d'oublier que le communisme n'était plus et qu'il n'était pas temps de vouloir, consciemment ou pas, construire un nouveau mur, plus haut et plus à l'Est, aux frontières mêmes de la Russie, au seul motif qu'elle les avait traumatisés pour longtemps.

Trump n'avait pas clos ce débat qui allait au contraire ressurgir avec l'invasion de l'Ukraine mais il l'avait mis entre parenthèses car dès lors que, grâce à lui, l'Est et l'Ouest convergeaient sur le besoin d'une Défense européenne, leur désaccord sur les liens à entretenir ou non avec la Russie passait au second rang. Quelle que soit l'idée qu'ils se faisaient des relations à avoir avec cet empire défait, les États membres s'accordaient tous à penser, grâce au nouveau président des États-Unis, que l'Union ne pouvait pas rester nue face à des menaces dont on ne pouvait plus ignorer, depuis l'annexion de la Crimée, qu'elles étaient largement ou essentiellement russes.

Je faisais rire mes collègues en leur disant que toutes les communes d'Europe devraient ériger une statue à Donald Trump « père refondateur » de l'Union. Polonais ou Italiens, Portugais ou Finlandais, tous comprenaient ce que je voulais dire par là. Tous admettaient implicitement ce qui allait s'avérer deux ans et demi plus tard avec l'invasion de l'Ukraine car une Défense commune demandant une politique étrangère commune, la fin du tabou sur la Défense frappait d'obsolescence le refus de faire de l'Union une union politique.

Long et difficile, l'avènement de cette nouvelle Europe restera longtemps incertain, mais l'unité européenne reprenait sa marche et la France était d'autant plus au cœur de ce réveil que les vingt et un élus de sa majorité présidentielle bouleversaient les rapports de force au Parlement.

Jusqu'à l'émergence de Macron, de son « en même temps » et de la séduction que cette innovation française exerçait sur les droites, les gauches et les centres des autres États membres, la social-démocratie et la démocratie chrétienne se partageaient le pouvoir au Parlement européen.

Dans un duopole qui avait fini par virer à l'abus de position dominante, leurs groupes se répartissaient les postes les plus importants, fixaient l'ordre du jour et négociaient entre eux ces permanents compromis sur lesquels l'Union se bâtit. Sauf dans les moments où leur appoint était soudain nécessaire à l'une des deux forces dominantes, aucun des autres groupes politiques n'avait le même poids mais voilà qu'avec le recul de la droite et de la gauche en France et leur affaiblissement dans plusieurs autres des pays de l'Union, démocrates-chrétiens et sociaux-démocrates n'étaient plus maîtres du jeu. Ils devaient désormais compter avec les centristes de l'Alliance des libéraux et des démocrates européens, avec le groupe ALDE que nous avions considérablement renforcé en le rejoignant et lui donnant, après d'interminables négociations et sans triomphe de l'euphonie, le nom de Renew Europe – renouveler, reconstruire l'Europe.

À vingt et un Français, nous constituions la plus forte délégation nationale de ce nouveau groupe qui était lui-même devenu incontournable puisque rien ne pouvait plus se faire contre lui ni même sans lui. À vingt et un hommes et femmes de la majorité présidentielle française, nous avions ainsi pris un poids déterminant alors même que nous formions une force improbable et tout juste née.

L'une d'entre nous avait été maire de Strasbourg. L'autre avait appartenu à un gouvernement de gauche.

Un troisième avait été l'influent conseiller d'Alain Juppé. Une quatrième avait été ministre des Affaires européennes. Un cinquième avait largement contribué à la naissance d'Europe Écologie Les Verts. Venu des Jeunesses socialistes, un autre encore parlait à l'oreille d'Emmanuel Macron et nous comptions aussi dans nos rangs un leader des Jeunes Agriculteurs et l'ancienne assistante d'un ténor bruxellois qui lui avait énormément appris. Nous ne faisions pas tous nos premières armes mais les politiques expérimentés ne constituaient qu'une moitié d'entre nous. Choisis pour leur compétence professionnelle, les autres venaient, comme on dit, de la « société civile » et, quant à moi, je n'avais eu de responsabilités dans un parti que lorsque j'avais rejoint la Ligue communiste dans la foulée de Mai 68.

C'était une expérience, mais bien relative, et je n'avais jamais été en situation d'utiliser un rapport de force. J'ignorais même ce que c'était que d'être perçu comme puissant car si mon métier m'avait habitué à m'entretenir avec des chefs d'État, de parti ou de gouvernement, je ne connaissais leur monde que de l'extérieur. Comme correspondant du *Monde*, directeur de *L'Expansion* puis de *L'Observateur*, éditorialiste de grands titres européens et de la radio la plus écoutée de France, j'avais occupé des positions d'influence mais je ne connaissais rien à la vie des hommes politiques, à leurs lois, leurs renvois d'ascenseur, leurs réseaux et rapports de force et, du jour au lendemain, je me trouvais au cœur d'un grand jeu de pouvoirs européen dont les petitesses pouvaient être aussi insondables que ses enjeux étaient capitaux, voire planétaires.

Lorsque le premier cercle d'Emmanuel Macron m'avait proposé de me présenter aux élections européennes, je n'avais pas songé une seule seconde à refuser. Après que j'ai tant dit depuis tant d'années que rien n'était plus important que l'unité européenne, c'eût été complètement incohérent mais, jusqu'à ce jour de rentrée des classes, je n'avais jamais réalisé non plus à quel point je n'avais rien d'un politique. Plus je le découvrais, plus j'étais partagé entre une inaptitude à me couler dans ma nouvelle fonction et ma jubilation d'être au cœur de l'Union au moment même où naissait cette Europe politique dont j'avais depuis si longtemps et avec tant d'inébranlable certitude plaidé et annoncé l'affirmation.

En analyste politique, je n'avais pas à rougir de moi. Comme homme politique, j'avais dix ans et j'en étais si conscient que j'ai décidé de ne briguer aucune responsabilité pour ne pas tenter de faire ce pour quoi je n'avais ni goût ni savoir-faire. J'ai surpris en refusant ce à quoi d'autres aspiraient mais, ma liberté préservée, j'ai pu systématiser ce à quoi mon tempérament et le journalisme m'avaient naturellement porté dans les files d'attente du premier jour.

Ce n'est plus d'instinct mais délibérément que j'ai recherché, cultivé et approfondi des liens personnels avec des élus d'autres groupes et que je me suis mis, par là, en position d'avancer des idées et de prendre des initiatives sans avoir à négocier de feux verts préalables. J'ai tantôt échoué tantôt réussi mais, outre que les échecs d'hier préparent les succès de demain, je me suis insensiblement taillé une réputation d'indépendant, pensant et parlant par lui-même, d'élu ouvert dont on pouvait écouter les propositions, voire les suivre, par-delà les frontières de groupe.

Pour les Ouïghours, j'ai d'abord eu du mal.

C'est en lisant et écoutant Phil Bennion, un libéral-démocrate britannique de mon groupe, que j'avais saisi l'ampleur de la répression frappant ces musulmans du Xinjiang. Un million de personnes en camps de « rééducation », des stérilisations forcées, des enfants arrachés à leurs parents pour les acculturer – tout plaidait pour que le Parlement attribue son prix Sakharov à Ilham Tohti, l'économiste condamné à la prison à vie pour avoir défendu son peuple. Ça tombait sous le sens. Ça s'imposait mais Bennion était trop occupé par l'imminence du Brexit, de cette bourde historique qui lui arrachait le cœur, pour vraiment mener campagne.

Renew penchait plutôt pour une figure des Indiens d'Amazonie qui avait aussi les faveurs de The Left, le groupe des gauches radicales. Le PPE, le Parti populaire européen de la droite et des démocrates-chrétiens, avait avancé le nom d'Alexeï Navalny, le pourfendeur de la corruption russe, dont les socialistes ne voulaient pas car ils craignaient que le Parlement ne semble ne se préoccuper que du continent européen. La situation était bloquée et à part Ilhan Kyuchyuk, un jeune libéral bulgare passé par l'ENA, personne n'avait suivi Phil et ne soutenait les Ouïghours.

J'ai commencé par aller voir Reinhard Bütikofer, Vert allemand expiant le maoïsme de sa jeunesse dans une active critique du régime chinois. Nous sommes convenus qu'il proposerait à ses amis le nom de Tohti dès qu'ils auraient renoncé aux candidatures sur lesquelles ils se déchiraient. Nous avons parallèlement entrepris de réunir les quarante signatures nécessaires à une candidature qui ne soit pas soutenue par un ou plusieurs des groupes politiques. Puis j'ai appelé François-Xavier Bellamy, le chef de file des Français du PPE, avec lequel la convergence a été tout aussi immédiate et qui a en conséquence convaincu ses propres amis de se rallier à Tohti sitôt qu'il fut clair qu'il n'y aurait pas de majorité pour Navalny. Aux socialistes j'ai fait valoir qu'il y aurait plus de logique à soutenir Tohti qu'à refuser Navalny. Ils en étaient naturellement d'accord et j'ai alors pu rallier ma délégation et nous permettre ainsi, à Bennion, Kyuchyuk et moi, de faire basculer Renew dans le camp ouïghour.

C'était gagné. Le groupe charnière a fait la décision et ce prix est l'une des trois ou quatre grandes fiertés de ma vie car il a fait de ce drame une cause célèbre en le plaçant aux premiers rangs de la scène internationale. J'ai été utile, utile à ce peuple martyr, utile à l'Union dont les gouvernants, la presse et les opinions publiques ont mieux pris la mesure de ce qu'est le régime chinois, utile au Parlement qui s'est honoré en dénonçant cette abomination voulue par Xi Jinping.

Alliances improbables et manœuvres de l'ombre, je m'étais fait homme politique avec l'atout, il est vrai, de m'être initié à l'art de réunir les contraires lorsque je faisais connaître et défendais les opposants du bloc soviétique comme benjamin de *L'Observateur* des années 70. « Tu as fait entrer le loup dans la bergerie ! » m'avait alors reproché un chef de service après que j'eus ouvert à Jean d'Ormesson la porte du bureau de Jean Daniel pour qu'ils signent ensemble une pétition contre la répression des dissidents. Le directeur du *Figaro* dans le bureau du directeur du *Nouvel Obs*, cela sentait sa collaboration de classes mais à bien peu nous avions alors contribué à arracher des hommes aux griffes du KGB en faisant converger des démocrates de gauche, de droite et du centre.

Cela m'avait enseigné les détours, les patiences et les nécessaires discrétions de cette politique-là, la seule qui comptât à mes yeux, et lorsqu'il était apparu qu'Ilham Tohti remporterait le Sakharov 2019, d'autres que moi avaient pris en main l'orchestration de ce prix.

Comme il y a bien des manières d'être journaliste, il y a beaucoup de façons d'être député. Elles se complètent et je venais, en coulisses, de nouer de durables complicités qui allaient fonder d'autres convergences et permettre d'autres combats.

2

Le malpoli de Vilnius

Les journées sont lourdes au Parlement. Je ne me serais pas imaginé quitter l'hôtel à 8 heures, arriver à mon bureau quinze minutes après et ne sortir de cet aéroport qu'à 20 heures ou même plus pour aller m'effondrer seul dans un restaurant. S'il veut, un député peut ne rien faire. Probablement y en a-t-il pour ne pas faire grand-chose mais la plupart en font beaucoup et, bon élève, je ne savais dire non à rien ni personne.

Des délégations d'opposants turcs, tunisiens, bélarusses, cubains, hongrois, russes et de toutes les autres dictatures ou presque ? Le Mazarin qui monte au Kazakhstan ? L'ambassadeur d'Égypte ? Tous m'intéressaient. Je considérais en plus que je n'étais pas payé pour ne pas les recevoir et demandais à Mélanie de pousser les murs pour caser tout le monde entre les réunions de la Commission des affaires étrangères, de la sous-commission des droits de l'homme, de la délégation aux relations parlementaires avec la Russie, de Renew, de la délégation française au sein de Renew, des plénières de Strasbourg et... Et de quoi encore ?

Il faut aussi compter avec le « groupe de travail B » de Renew pour préparer les réunions d'« Afet », la Commission des affaires étrangères ; les conciliabules avec les ministres français de passage à Bruxelles et les députés d'autres groupes ; les discussions avec le Haut Représentant pour les affaires étrangères, Josep Borrell, ou ses proches collaborateurs ; les échanges avec Thierry Breton, commissaire français, hyperactif et cheville ouvrière de la Commission. J'allais oublier une tâche des plus concrètes : les réunions du Fonds européen pour la démocratie, la fondation créée pour soutenir les organisations, mouvements et initiatives contribuant au développement du pluralisme et de l'État de droit dans la périphérie de l'Union. Je siège à sa direction. Le budget n'est certainement pas négligeable mais les demandes d'aides sont si nombreuses que les arbitrages obligent à d'interminables et passionnantes discussions sur l'état de ces pays.

Et puis il y a l'imprévu : un journal slovène, la télévision estonienne, les amis d'hier, polonais, américains, russes, marocains, tchèques ou italiens, devenus gens importants, parfois d'autres bords mais avec lesquels les souvenirs communs autorisent beaucoup d'échanges et confidences.

À Bruxelles, un air conditionné vous congèle sans pitié la moitié du corps. À Strasbourg, un système d'économie d'énergie coupe l'éclairage au bout de trente secondes sans mouvements dans la pièce et vous empêche donc d'écrire, sauf à balancer les bras en l'air chaque trois mots. Dans les deux sièges, le pourcentage de réunions inutiles est aussi impressionnant que le temps perdu en discussions byzantines sur des amendements dont le bonheur du monde se passerait sans difficulté. Le Parlement n'échappe pas plus aux contradictions qu'aux imperfections mais il est tout ce que j'aime, un long reportage permanent, un tour du monde quotidien auquel j'ai bien vite ajouté un papier hebdomadaire, régulièrement publié dans cinq des pays de l'Union et dans la presse d'opposition russe en exil. Quant aux obligations du week-end, je les maudis bien sûr mais j'aime aller débattre aux quatre coins de la France ou à l'étranger, répondre aux interviews et porter la bataille européenne sur les chaînes info. J'aurais d'autant moins de raisons de me plaindre de ce rythme que j'ai la chance d'habiter Paris, une heure vingt de Thalys, et non pas la Finlande ou la Sicile, mais le fait est qu'un eurodéputé n'a guère le temps de lever le nez du guidon.

Or dès avant mon premier jour, j'avais une ambition qui aura occupé l'essentiel de mon mandat. Je voulais travailler sur la Russie, faire passer l'idée que Poutine n'était pas éternel et qu'on assistait, au contraire, aux prémices, disais-je, de sa « fin de règne » parce que les nouvelles classes moyennes urbaines étaient fondamentalement européennes et aspiraient à la démocratie ; que l'emprise du Kremlin sur celles des anciennes Républiques soviétiques qui n'avaient rejoint ni l'Union ni l'Alliance atlantique ne faisait que s'amenuiser et qu'il fallait en conséquence – je le pense plus que jamais – préparer l'avenir en nous adressant directement aux Russes, par-dessus la tête de Poutine, pour leur faire voir la possibilité d'un avenir commun, inenvisageable à court terme mais dont il fallait jeter les bases sans plus attendre.

C'était mon obsession car sans aucunement imaginer que Vladimir Poutine puisse concevoir de reconquérir l'Ukraine, je craignais que l'échec de ce régime à moderniser la Russie, à intégrer les générations post-soviétiques à un échiquier pluraliste et à stabiliser ses relations avec ses voisins immédiats ne finisse par précipiter le pays le plus étendu du monde puis le continent tout entier dans un chaos destructeur. Je pensais qu'il ne fallait pas plus tabler sur une amélioration de nos relations avec Poutine qu'ignorer la Russie qui resterait toujours, question de géographie mais aussi d'Histoire et de culture, l'autre moitié de l'Europe.

C'est pour cela que j'ambitionnais d'amener le Parlement à engager avec le peuple russe un dialogue direct que ni les gouvernements, ni la Commission, ni le Haut Représentant ne pouvaient ouvrir puisqu'ils sont, par fonction, les interlocuteurs du pouvoir en place. Le problème est que pour pousser cette idée, il me fallait un titre à le faire. L'idéal aurait été de devenir rapporteur du Parlement sur la Russie mais, attribuée au PPE, la place était occupée par un ancien Premier ministre lituanien, Andrius

Kubilius. La seule possibilité était donc de devenir rapporteur Russie de mon propre groupe dont la coordinatrice pour les affaires étrangères fut tout étonnée de ma candidature.

« Si tu veux, très bien, mais c'est mon deuxième mandat, m'a dit Hilde Vautmans au bar des députés, et je sais d'expérience que les deux sujets qui rendent ce groupe complètement fou sont Israël et la Russie. La dernière fois que nous avons débattu d'un rapport Russie, on ne s'entendait plus, tout le monde injuriait tout le monde et nous avons été à deux doigts d'en venir aux mains. Alors si ça te tente, je te soutiens mais... bonne chance ! »

Ainsi devenu rapporteur de mon groupe, j'ai informé mes collègues de mon intention d'entreprendre avant toute chose une tournée des capitales polonaise et baltes pour entendre ce qu'elles avaient à dire des relations avec leur ancien suzerain. J'entendais mettre le journalisme au service de la politique. Pour Renew, c'était une sorte de première. Certains tiquaient, les Baltes surtout car ce Français les intriguait. Plusieurs d'entre eux se demandaient si je n'étais pas en fait missionné par l'Élysée. D'autres appréciaient, et le disaient, cette volonté d'aller sur place et d'enquêter avant de passer aux conclusions et j'ai quitté Bruxelles dans les premières rumeurs de Covid, pas encore de certitudes et moins encore de masques, mais une grandissante inquiétude que chacun tâchait de contenir.

La première chose qui m'ait frappé est la façon dont le ministre polonais des Affaires étrangères, un homme apparenté à la majorité conservatrice mais que j'avais connu jeune militant de Solidarité, avait très vite rendu les armes. Je ne vais pas le citer entre guillemets car mes notes sont trop synthétiques pour que je le fasse mais, oui, dit-il en contenant mal un agacement, vous avez raison ! Les Américains sont moins intéressés par l'Europe car ils le sont maintenant par la Chine et, au risque de vous surprendre, nous sommes nous aussi en faveur d'une Défense européenne pour peu qu'on ne veuille pas la substituer à l'Alliance atlantique.

Je ne m'attendais pas à ce que nous convergions aussi clairement. J'en étais ravi mais puisque la Pologne le pense, lui ai-je demandé, pourquoi ne le dit-elle pas à plus haute voix ? Réponse immédiate et concise : car si nous prenions acte, me dit-il, de cet éloignement des États-Unis nous ne ferions que le précipiter en l'acceptant comme irréversible. Il m'en voulait de devoir le dire aussi franchement. Je doute d'ailleurs qu'il l'aurait fait si nous ne nous étions pas connus à une époque où je lui en imposais mais cette phrase, à quelques variantes près, je l'ai entendue dans la bouche d'à peu près tous mes interlocuteurs de Pologne et des pays baltes. La Défense commune était bel et bien acceptée. La cause était entendue. Trump méritait sa statue. Il n'y avait plus, pour transformer l'essai, qu'à trouver un langage commun mais en attendant d'explorer l'avenir plus avant, j'avais à revoir des camarades de tranchée des temps communistes.

Physicien, polyglotte et militant catholique, Krzysztof Sliwinski avait assuré jusqu'à la fin du communisme la liaison entre l'opposition de gauche et l'Épiscopat. Je le trouve entouré des trois aides-soignantes ukrainiennes, malade, amputé, diabète, gangrène, je ne sais pas. Mes amis polonais des années 70 et 80 avaient pratiquement tous quinze ou vingt ans de plus que moi. À chacun de mes voyages à Varsovie, ils sont moins nombreux. Krzysztof allait bientôt mourir. Je le savais en le quittant mais rien en revanche ne m'avait laissé prévoir la mort de Stanislas Opiela, le jésuite qui avait organisé la visite de Jean-Paul II sous l'état de guerre, celle qu'il avait entamée en lançant : « J'étais malade et vous m'avez visité, j'étais en prison et vous êtes venu à moi. »

Grâce à Opiela, devant le monde entier, le pape avait dit à la Pologne qu'il la savait « en prison » et « malade » de l'état de guerre. Ce coup de maître avait déstabilisé Jaruzelski et suscité en moi une profonde admiration pour ce jésuite laconique et fumeur compulsif. Nous ne nous étions jamais perdus de vue mais voilà qu'il me révèle maintenant avoir été un James Bond du Vatican. Retraité de l'Église, à l'étroit dans une cellule bourrée de livres en je ne sais plus combien de langues, il m'apprend qu'après la chute du mur, le pape l'avait envoyé renouer les fils du catholicisme dans les tréfonds de la Russie.

Parce qu'un catholicisme clandestin avait survécu en Union soviétique, vraiment ?

Je n'arrivais pas à le croire mais Opiela avait même retrouvé des jésuites qui avaient plus ou moins maintenu l'ordre au nez et à la barbe du KGB. Il n'était pas mécontent de ma surprise. Il me donnait tellement de détails que je m'y perdais. J'étais censé oublier et je l'ai fait. Je n'ai jamais trahi la confiance de quiconque. J'ai toujours préféré la compréhension et la restitution du parfum d'un moment à l'éclat trompeur des scoops dénués de sens mais j'ai toujours dans l'oreille les difficultés qu'Opiela avait eues à se faire reconnaître par ces catholiques du silence qui craignaient l'agent provocateur. Il devait savoir prouver qu'il était bien envoyé par Jean-Paul II en personne et ce n'était pas simple car, saisie par le KGB, toute lettre de mission aurait fait de grands dégâts, plus encore avec le Patriarcat de Moscou qu'avec le Kremlin.

J'étais si fasciné que dans un parallèle inconscient avec mon entrée en politique, j'ai fini par lui demander s'il avait aimé les institutions vaticanes, ses années au Saint-Siège et le service du pape. « Bernard, m'a-t-il répondu, si vous voulez garder la foi, n'allez jamais au Vatican ! » Opiela est mort quelques mois plus tard, tué par ses cigarettes. Comme Tadeusz Mazowiecki, il avait décrété que j'étais chrétien sans le savoir, *anima naturaliter christiana*, et je me remémore souvent sa phrase en la modifiant d'un seul mot : « Si vous voulez garder la foi (européenne), n'allez jamais à Bruxelles. »

J'exagère, bien sûr. Je plaisante ou… plaisante à moitié mais cela me trottait dans la tête, le lendemain, alors que je me dirigeais vers le Centre d'études orientales, le centre polonais d'études russes installé dans un immeuble qui me semblait bien avoir appartenu aux services secrets du régime communiste. Le chercheur qui me recevait en savait incroyablement plus que ce que je n'avais jamais entendu et quand il a fini d'énumérer les causes sociales, économiques et sociologiques des difficultés politiques de Vladimir Poutine, toutes celles que j'avais en tête moi aussi, toutes celles qui me faisaient rêver de rédiger et faire adopter par le Parlement une « Adresse au peuple russe », je lui ai posé la question que j'allais poser à tant de mes interlocuteurs.

« *But, at the end of the day,* lui ai-je demandé, *is Putin stronger or weaker than three or four years ago ?* » – au bout du compte, Poutine est-il plus fort ou plus faible qu'il y a trois ou quatre ans ? Yeux mi-clos, front plissé, il a réfléchi de longues minutes et répondu : « *Weaker* », plus faible et non pas plus fort qu'aux lendemains de l'annexion de la Crimée. Là, j'étais convaincu qu'il était vraiment temps pour le Parlement de s'adresser directement aux Russes et de leur proposer un avenir commun avant que M. Poutine n'incendie l'Europe en brûlant ses vaisseaux dans une aventure dont je n'imaginais pas encore qu'elle puisse être si proche, si destructrice et si totalement insensée. L'urgence l'imposait. Cela m'apparaissait tellement évident qu'il était impossible, me disais-je, que cela ne le fût pas pour tout le monde, mais non !

Comme pour Strasbourg ou la suppression des *whereas*, je n'allais pas tarder à constater que je cédais à un abus de logique car ce qui me semblait irréfutable tant ça l'était restait profondément contestable pour bien d'autres. À Varsovie, avec un groupe de jeunes intellectuels brillants, dans les capitales baltes avec des ministres, des chercheurs, des éditorialistes qui avaient presque tous l'âge de mes fils, je me suis retrouvé dans la peau du Français qui comme toujours, n'est-ce pas (je ne sais pas d'où vient cette idée reçue), voudrait s'entendre avec la Russie sur le dos de l'Europe centrale.

Presque tous me disaient, comme si c'était un fait établi, que nous étions prêts, nous les Français, à « vendre l'Ukraine ». Seuls les plus polis n'en accusaient pas la France entière mais seulement Macron et pour un homme qui a passé, comme moi, quelque vingt ans de sa vie de journaliste à défendre les opposants du bloc soviétique, c'était extrêmement fatigant. Ça pouvait même devenir exaspérant car ces jeunes gens qui n'avaient souvent qu'une pauvre idée de ce qu'avait été leur propre histoire m'expliquaient paternellement à quel point ma naïveté était grande ou me faisaient comprendre, à l'instar de plusieurs de mes collègues baltes de Renew, que chacun savait bien que j'étais un émissaire caché d'Emmanuel Macron.

J'étais à l'Élysée, croyaient-ils, le missionnaire qu'Opiela avait été à Jean-Paul II et j'ai souvent eu le sentiment d'entendre des éléments de langage concoctés à l'usage du président de la République.

Au début, je protestais : « Je ne représente pas l'Élysée et je ne vous parle pas non plus de Poutine ! Je vous parle du post-poutinisme et de la nécessité de jeter les bases d'une stabilité pérenne en Europe. » Cause toujours, me disaient leurs sourires entendus et, à la fin, j'ai renoncé, sauf sur un point – « Plus faible ou plus fort », Vladimir Poutine ? – et j'ai bien plus souvent entendu « plus faible » que « plus fort » à condition d'avoir précisé que « plus faible » ne signifiait certainement pas, et bien au contraire, moins menaçant.

J'avais fini par systématiquement apporter cette précision avant qu'on ne m'appelle à le faire. J'étais fâché, contrarié, presque humilié de devoir formuler comme une concession ce qui n'était pour moi qu'une évidence. Ce permanent soupçon d'aveuglement, voire de poutinophilie, me blessait mais, journaliste et élu, je devais aussi me faire diplomate. J'avais donc renoncé à débattre, renoncé à faire plus qu'enregistrer les réponses qui m'étaient faites et même renoncé à objecter à tous ceux qui craignaient d'accélérer l'éloignement américain en parlant trop ouvertement de Défense européenne que nous ne devrions plus procrastiner car la décision des États-Unis de donner la priorité au défi chinois remontait au second mandat de Georges Bush junior, à déjà une bonne douzaine d'années déjà.

Toutes les réponses qui m'étaient faites n'étaient au demeurant pas infondées. J'entends encore la très jeune et souriante conseillère diplomatique du président lituanien me dire qu'il fallait « observer ce que les Américains faisaient et non pas ce que disait leur Président ». Moins sèchement que tant d'autres, elle voulait ainsi me rappeler qu'il y avait toujours des troupes américaines en Europe et que les troupes de l'Union, ce serait parfait... quand il y en aurait.

Rien à répondre à cela, bien sûr, et pas même que les États-Unis avaient désormais plus d'intérêts à long terme à défendre en Asie qu'en Europe. Mes interlocuteurs le savaient, évidemment. Ils n'auraient pas tenté de le nier mais cette réalité ne pouvait guère compter pour eux car c'est de votre position géographique que dépend avant tout votre position politique. Cela s'appelle la géopolitique et lorsqu'on vit à la frontière russe, la puissance des États-Unis vaut mieux que l'esquisse européenne d'union politique car un tiens vaut mieux que deux tu l'auras.

Ça sert de bouger. Par son essence même, le journalisme me servait à aller au-devant des raisons de l'autre et plus je m'en imprégnais, plus je devais nuancer mes certitudes et apprendre à les reformuler pour qu'elles soient moins inaudibles. Souvent difficiles, les conversations n'en restaient pas moins délicieuses, petits gâteaux, politesses et tasse de thé, mais un soir, un journaliste lituanien, un jeune spécialiste des questions de Défense, ne s'est pas embarrassé de courtoisies.

Trogne renfrognée, il était arrivé pour en découdre et me dire d'emblée que la France et son président ne comprenaient rien à rien. Son ton était si déplaisant que j'envisageais de ne pas prolonger l'entretien mais ce qu'il disait d'un jet, sans me laisser l'interrompre, après tout… ça se tenait. « Votre Macron » veut négocier avec Poutine, disait-il en substance, mais la stratégie russe est d'avancer autant qu'ils le peuvent et d'utiliser les négociations pour attendre le moment où ils pourront reprendre leur offensive puisqu'il n'y a pas de menaces de représailles européennes. « Vous souhaitez, poursuivait-il, doter l'Union d'une autonomie stratégique ? Très bien mais alors faites-le ! Allez-y ! Envoyez en Ukraine des troupes européennes de maintien de la paix, faites-leur surveiller et éventuellement défendre les frontières ukrainiennes et alors oui, l'Union existera comme acteur politique, comme vous le souhaitez, comme une puissance autonome, et pourra négocier avec la Russie, réellement négocier, non pas sur la défensive mais en s'étant fait respecter. »

Cela se passait deux ans avant l'entrée des troupes russes en Ukraine. Cette philippique m'avait marqué. J'y ai souvent repensé depuis le 24 février et maintenant que je ressors mes notes, comment ne pas trouver une justesse à ces propos ? Ils n'étaient pas totalement justes et même pas du tout car, pour envoyer des troupes à la frontière russe, encore faut-il en avoir et donc avoir préalablement décidé de nous doter d'une Défense commune. J'aurais pu le lui objecter mais je ne l'ai pas fait. J'aurais pu lui faire valoir que le serpent se mordait la queue mais, avec beaucoup de suffisance, ce jeune homme m'avait dit une chose qui n'est guère discutable et que beaucoup de mes interlocuteurs allaient me faire sentir.

Si beaux et irréfutables soient-ils, les discours sur l'Europe puissance et sa nécessité ne pourront pleinement convaincre que lorsqu'ils se seront concrétisés, que lorsque l'Union aura vraiment investi dans sa Défense et se sera vraiment dotée d'industries d'armements paneuropéennes. Il en va de sa crédibilité et ce que j'entendais sur la sécurité et les questions militaires dans des pays sortis du bloc soviétique n'était en rien différent de ce que ressentent les citoyens des autres États membres qui, eux aussi, ne croiront pleinement en la réalité de l'Union que lorsqu'elle aura vraiment pris corps.

Passé l'agacement, c'est cette conversation avec le malpoli de Vilnius qui m'a fait également voir que l'urgence était moins aux réformes institutionnelles qu'aux réalisations concrètes, à l'Europe des projets plutôt qu'aux proclamations fédéralistes auxquelles je tendais naturellement. Je ne savais pas déjà à quel point l'exercice de mon mandat m'en convaincrait plus encore mais, au cours de ce qu'on pourrait appeler mon « enquête parlementaire », c'est l'autre chose que j'avais entendue, tout aussi clairement entendue que la rupture épistémologique sur la Défense.

Il restait à trouver une manière d'exprimer les choses qui rassure les pays de l'ancien bloc mais, oui, Trump avait fait son œuvre. La Défense ne divisait plus l'Union car autant ces capitales essentielles dont on ne connaît souvent, à l'Ouest, que Varsovie, ne voulaient rien faire qui puisse éloigner plus encore les États-Unis, autant elles avaient déjà admis la nécessité d'une Défense commune. En ce sens, les pays baltes et la Pologne parlaient désormais tout aussi français que le reste de l'Union mais leur vision de Paris et de Berlin était encore plus épouvantable que je n'aurais pu l'imaginer.

C'est cette enquête de député-journaliste qui m'a permis de comprendre que la France et l'Allemagne inspiraient une véritable méfiance à ces pays car ils voyaient vraiment le couple franco-allemand prêt à les sacrifier pour s'entendre avec Poutine. Depuis Trump, cette crainte était passée du premier au second plan mais, à leurs yeux, la FrançAllemagne était engagée, vis-à-vis du Kremlin, dans une même politique d'*appeasement* que celle de la France et de la Grande-Bretagne des années 30 vis-à-vis de l'Allemagne nazie. Il y avait, disaient-ils, une menace russe que ni Paris ni Berlin ne voulaient voir malgré les annexions, de fait ou *de jure*, auxquelles la Russie avait déjà procédé en Moldavie, en Géorgie et en Ukraine. Par la faute de la France et de l'Allemagne, pensaient-ils, mais aussi de l'Espagne, des Pays-Bas et de l'Italie, l'Union s'aveuglait sur la volonté de Vladimir Poutine de reconstituer l'Empire russe et en l'affaire, c'était la France qui était la plus dangereuse à leurs yeux.

Pour les Allemands, pensaient-ils, c'était le gaz, le pétrole et la sécurité des investissements qui comptaient. Pour l'Allemagne, ce n'était autrement dit qu'une question d'argent alors que la France était, elle, guidée par un dessein politique, autrement plus profond que ses intérêts financiers du moment. La

France était vue dans ces capitales comme voulant s'entendre avec la Russie pour unifier le continent face aux États-Unis – peut-être aussi face à la Chine, mais avant tout face aux États-Unis – dans ce qui n'était, disait-on, que la poursuite de la politique gaulliste d'affirmation internationale de la France en rivale antiaméricaine des États-Unis.

« Mais non... Mais vous n'y êtes pas du tout...

— Mais si, Monsieur le député. C'est une évidence et regardez, d'ailleurs, comment votre Président a reçu Vladimir Poutine en ami, dans sa résidence d'été, comme un intime. » Là je me sentais mal car je revoyais Poutine arriver à Brégançon quelques mois plus tôt, en août 2019, et tendre un horrible petit bouquet à Mme Macron qui, bien élevée, le remerciait... d'une bise.

Oh, cette bise, comme elle m'avait tordu le ventre lorsqu'elle s'était étalée sur les écrans et comme j'avais enragé qu'Emmanuel Macron n'ait pas réalisé qu'autant il pouvait et devait recevoir Poutine à l'Élysée, dans le cadre des relations d'État à État, autant il ne devait pas lui ouvrir la porte de la villégiature présidentielle car on ne le fait qu'à des amis ou des alliés.

Et puis, ce n'était pas tout. Baltes et Polonais n'avaient évidemment pas tort sur la volonté de la France de chercher et trouver un *modus vivendi* avec la Russie. Je le savais d'autant mieux que je partage cette ambition car il y avait eu une totale pertinence dans les appels de Gorbatchev à construire la « maison commune » européenne. J'ai sans cesse écrit et dit depuis lors qu'il nous fallait « bâtir un pont entre les deux piliers du continent que sont l'Union européenne et la Fédération de Russie », mais cette aspiration française que je défendais totalement, que j'avais même contribué à renforcer et défends toujours, à quoi vise-t-elle ?

Certainement pas à permettre au Kremlin de remettre la main sur les territoires perdus de l'Empire. Elle vise, tout au contraire, à assurer la stabilité du continent et sa prospérité commune en garantissant la sécurité de chacun et, d'abord, le respect des frontières et de l'indépendance des pays sortis de l'URSS puisque ce respect conditionne la stabilité européenne. Dans les pays baltes et même en Pologne, je m'étais heurté à l'insupportable accusation brandie contre la France de s'être faite, par esprit de compétition avec les États-Unis, l'idiot utile de la Russie soviétique puis poutinienne alors que...

Un peu d'Histoire, enfin ! Qui a prononcé, en plein dîner d'État au Kremlin, le nom de Sakharov, alors en exil forcé à Gorki, cloîtré sans téléphone et sous surveillance permanente du KGB ? Quel est le chef d'État qui s'était le plus immédiatement et clairement rangé aux côtés des États-Unis en 1962, lors de la crise de Cuba ? Qui avait, à la seconde et si nettement, condamné la prise d'otages à l'ambassade américaine de Téhéran ? Qui fut le premier chef d'État à manifester sa solidarité avec l'allié américain en allant survoler New York en hélicoptère après les attentats du 11 septembre ? Et qui avait dit, devant le Bundestag : « Les pacifistes sont à l'Ouest mais les missiles sont à l'Est » ?

Réponses, dans l'ordre : François Mitterrand, Charles de Gaulle, François Mitterrand, Jacques Chirac et François Mitterrand. Pas tellement « utiles » aux soviétismes d'hier et d'aujourd'hui, pas si « idiots » que cela, ces Français, pas vraiment antiaméricains non plus, sauf à penser que c'était exprimer son amitié pour les États-Unis que de les encourager à s'enfoncer dans le bourbier vietnamien ou d'appuyer leur aventure irakienne, comme Tony Blair et les pays sortis du bloc soviétique avaient eu l'aveuglement de le faire, contrairement aux Français et aux Allemands.

Il est prétentieux de le dire et j'en demande pardon mais, vis-à-vis des États-Unis, le plus grand tort des Français est d'avoir trop souvent eu raison contre eux et puis, chers amis baltes et polonais nés ou grandis après la chute du mur, encore un point que vous devriez méditer. À qui ont nui la coexistence pacifique, la Détente et les accords d'Helsinki ? Est-ce aux Démocraties et à la démocratie ? Ou bien est-ce au régime soviétique ?

Demandez ce qu'ils en pensent aux dissidents de l'ancien bloc qui avaient soudain pu exiger le respect des accords Est-Ouest ou même aux anciens dirigeants des pays communistes d'Europe centrale auxquels la Détente avait permis de desserrer l'étau soviétique en se rapprochant des Démocraties européennes. Tous ne sont pas morts. Demandez-leur, et vous aurez la réponse qui est que lorsque des démocraties et des dictatures parviennent à définir des règles communes auxquelles elles s'engagent à se soumettre, c'est la dictature qui finit par y perdre car, bien plus vite qu'elle ne l'aurait jamais imaginé, elle peut avoir alors à se dédire publiquement et reconnaître ses mensonges ou même à respecter sa signature si un rapport de force l'y contraint.

J'entends et vois encore Andrzej Gwiazda, ingénieur du chantier Lénine, expliquer en août 1980 aux délégués des comités grèves de la côte baltique qu'il ne serait pas même illégal de revendiquer la création d'un syndicat indépendant puisque la Pologne communiste était signataire des conventions du Bureau international du travail sur les libertés syndicales. La suite s'était appelée « Solidarité » de même que la suite des accords d'Helsinki et de leur « troisième corbeille », celle des libertés politiques, avait été la création, par les dissidents d'URSS et d'Europe centrale, des comités de surveillance de l'application des accords d'Helsinki. Le communisme est avant tout mort de sa propre faillite mais les conventions et accords internationaux qu'il avait signés en ne pensant souscrire qu'à de vains mots avaient également contribué à sa fin.

Alors non, avant le 24 février, avant l'agression contre l'Ukraine, essayer d'arriver, même avec M. Poutine, à de nouveaux accords de stabilité et de coopération qui auraient garanti les frontières d'après 1989 en garantissant la sécurité du continent ne relevait ni de la naïveté ni de l'*appeasement*. Il fallait le tenter et j'en voulais à mes interlocuteurs baltes et polonais de ne pas l'admettre, de refuser de faire la différence entre la recherche de compromis d'avenir et l'apaisement qui serait, lui, une compromission fondée sur l'abandon de tout principe mais, d'un autre côté…

Tout ne se limitait pas, dans mes rencontres, à cette méfiance vis-à-vis de Paris et Berlin. Non seulement les pays baltes sont ouverts à la nécessité d'une Défense commune mais étrangement, malgré les déportations de masse ordonnées par Staline après guerre et l'invraisemblable nombre de familles qui n'ont jamais vu revenir leurs parents et grands-parents des camps du Grand Nord, la russophobie n'y est pas générale. Parce que leurs États ont appartenu à l'URSS, qu'ils connaissent la Fédération de Russie de l'intérieur et ont toujours d'anciens condisciples, des amis, voire de la famille en Russie, tous les Lituaniens, tous les Estoniens et tous les Lettons ne voyaient pas en tout Russe un ennemi et ne tendaient pas, pas plus que les Polonais d'ailleurs, à surestimer la force de Poutine au seul motif qu'il est russe et rêve de reconstituer l'Empire perdu des tsars.

Souvent, j'ai même eu le sentiment que pour peu que les dirigeants français sachent trouver les mots créant la confiance au lieu d'attiser la défiance, Tallinn, Vilnius et Riga pourraient aisément partager l'approche que Paris a de la Russie tant les États baltes sont beaucoup plus proches des Russes – non pas de Poutine mais des Russes – que ne le sont bien d'autres des États membres.

Les complexités européennes n'ont rien à envier à celles du Proche-Orient et à mon retour de la Baltique je me faisais ainsi fort de faire adopter par Renew un rapport soulignant les faiblesses de Vladimir Poutine sur sa scène intérieure, affirmant le besoin de rechercher un *modus vivendi* avec la Russie, intégrant à la fois les points de vue polono-baltes et franco-allemands sur les relations avec Moscou et comportant mon projet d'« Adresse au peuple russe ».

Plus encore qu'au rapport, c'est à elle que je tenais. Je rêvais de la faire adopter par le Parlement sitôt après son adoption par Renew. J'avais déjà commencé à la tourner et la retourner dans ma tête. Je tenais tout particulièrement aux paragraphes par lesquels je souhaitais que le Parlement dise aux Russes que toutes les autres puissances européennes avaient, comme eux, perdu leur Empire au XXe siècle et que toutes s'en étaient très bien remises. Du matin au soir, dans le Thalys comme pendant les réunions, je fignolais mentalement mes phrases, ordonnais le propos, supprimais, rajoutais et supprimais à nouveau l'adjectif « colonial » après le mot d'« Empire ». Ce serait au bout du compte « Empire » tout court mais, revenant de mon premier reportage de député-journaliste, j'étais loin d'imaginer qu'une pandémie allait mettre le Parlement en visioconférence.

3

La bataille des deux Chambres

Je ne revois plus les étapes mais en quelques semaines les confinements nous avaient bloqués à nos domiciles tandis que tout était mis en veilleuse à Bruxelles et surtout à Strasbourg dont les locaux nous étaient fermés. Les présidents de commissions, de sous-commissions, de groupes ou de délégations présidaient des salles vides quand ils ne les présidaient pas de chez eux. L'unité européenne ne tenait plus qu'aux centaines d'écrans plongeant, aux quatre coins de l'Union, dans l'intimité violée de vies de famille chamboulées et trop souvent endeuillées par la pandémie. Devenue rituelle, la grande question était : « *Can you see me ? Can you hear me ?* » – « Vous me voyez ? Vous m'entendez ? » – et la réponse n'était pas toujours « oui ». Ça marchait en général, mais pas toujours, et il fallait toute l'angélique patience de techniciens masqués et polyglottes pour rappeler aux anxieux, aux distraits et aux maladroits qu'ils devaient cliquer sur l'icône « main levée » et appuyer sur le *speak button* pour se faire passer la parole et se faire entendre.

La tour de Babel était devenue un ciel étoilé dans lequel nous tournions autour de l'astre éteint de Bruxelles comme des satellites perdus dans une nuit sans fin. Le Parlement n'en était plus un car toute vie parlementaire exige des conciliabules de couloir, des rencontres d'ascenseur et de longs et discrets rendez-vous pour préparer les deals du jour entre groupes ou délégations d'un même groupe. Autour d'un café sans goût, d'une infusion, d'un jus de racine mais rarement d'un verre d'alcool, une bonne part du travail parlementaire se fait au bar des députés et là, le Parlement n'était plus ou presque qu'interventions à distance. À défaut de plénières où l'affluence n'était pas souhaitable, nous votions de nos bureaux ou de nos domiciles ou laissions même à nos assistants les instructions nécessaires pour qu'ils bravent l'interdit et le fassent à notre place.

Pour les vétérans, deuxième, troisième mandat ou plus, ça allait, mais les bleus dans mon genre ne pouvaient plus apprendre grand-chose du fonctionnement de l'aéroport, n'avaient encore vécu qu'une poignée de plénières et ne s'étaient toujours pas formés à ces heures de folie où l'on vote en rafales, tantôt à main levée, sans décompte et au seul jugé du président de séance, tantôt par le biais de machines qui diront précisément, nommément, qui a bloqué ou fait passer quoi.

Je les maîtrise aujourd'hui ces plages de vote mensuelles, trois d'une ou presque deux heures par semaine strasbourgeoise, mais elles sont si sportives qu'en entrant dans l'hémicycle, chaque député trouve à sa place une liste des rapports et amendements mis aux voix avec la position – « oui », « non », « abstention » – définie par son groupe après de difficiles tractations internes. Il arrive qu'une délégation nationale diverge sur un point ou l'autre du groupe auquel elle appartient. Il arrive aussi que, faute d'un consensus, un groupe ou une délégation laissent la liberté à ses élus – *free vote* – de voter comme ils l'entendent. Il arrive même qu'un député – je m'y suis résolu plus d'une fois – vote comme d'autres groupes que le sien mais, dans l'ensemble, les consignes sont respectées et tout va donc si vite qu'on a le droit à l'erreur – une seconde de distraction – qu'on peut rectifier ensuite et que les décomptes ne sont qu'exceptionnellement nécessaires lors des votes à main levée. Le président de séance sait quel groupe va voter quoi et quel sera le résultat et il y a bien des fois où l'on dit « oui » ou « non » à des textes dont on ne connaît pas pleinement la teneur car aucun député ne peut suivre l'élaboration d'absolument tous les rapports et résolutions.

On suit les textes des commissions auxquelles on appartient. On suit les textes les plus importants et ceux qui vous intéressent le plus mais tous, non, ce serait mentir. Il nous arrive à tous, autrement dit, de ne voter que sur indication de nos groupes et sans nous être fait d'opinion propre. Je n'aime pas ces moments. Personne ne les aime mais ils sont le fruit d'une nécessaire répartition des tâches car ma compétence sur un « Plan cancer » est, par exemple, aussi limitée que celle de ma collègue oncologue sur le Nakhitchevan ou le Nagorny Karabakh.

À nous les bleus de 2019, le Covid a fait perdre une bonne année de formation. C'est d'autant plus dommageable que l'on considère, et je le crois, qu'il faut un mandat pour vraiment intégrer le fonctionnement du Parlement mais à l'Union, en revanche, ce virus a fait faire son deuxième et gigantesque bond vers l'union politique.

« Quoi qu'il en coûte », avait dit Emmanuel Macron aux Français et si les vingt-six autres États membres n'avaient pas tous aussi pleinement compensé les pertes d'activité induites par la pandémie, tous avaient beaucoup souffert du ralentissement général de l'économie. Partout, des mesures de relance s'imposaient. Les États devaient mettre la main à la poche mais ils ne pouvaient le faire qu'en empruntant et mettant entre parenthèses les règles de plafonnements de leur dette et de leur déficit publics, les très contestés et sacro-saints « critères de convergence », ceux du traité de Maastricht qui avait présidé, en 1992, au lancement de l'euro.

Ce n'était pas une mince affaire car ces plafonnements étaient essentiels aux yeux de l'Allemagne, des Pays-Bas et de l'ensemble des pays les plus attachés aux équilibres budgétaires qui craignaient tous que l'euro ne puisse devenir facteur d'inflation si les États les plus laxistes ne mettaient pas leurs finances en ordre.

Censés s'appliquer par tous temps, même lorsqu'ils étaient totalement contreproductifs, ces critères étaient largement absurdes mais pas totalement car ils visaient à parer à un vrai danger de dévalorisation des monnaies. Ils faisaient, quoi qu'il en soit, partie du contrat de confiance accepté et signé par les États qui avaient adopté l'euro mais plusieurs d'entre eux ne les avaient jamais respectés, notamment pas la France et l'Italie que la gardienne des traités, la Commission, admonestait régulièrement sans toutefois les sanctionner car ces pays étaient trop puissants pour qu'elle s'aventure à le faire. C'est de cette situation qu'avait pâti la Grèce, pays de moindre poids dont les statistiques étaient discutables et dont l'Allemagne avait voulu faire un exemple en amenant à lui imposer un traitement de cheval à défaut d'être parvenue à l'exclure de la zone euro.

Les critères de Maastricht, c'était une pomme de discorde permanente entre Paris et Berlin, de la dynamite en un mot. C'était également l'argument que les pourfendeurs de l'euro brandissaient contre lui. On pouvait les violer mais à condition qu'il soit dit qu'on y mettrait vite bon ordre et, essentiellement françaises, toutes les idées d'emprunts européens avaient donc toujours été repoussées par Berlin qui ne voyait en elles qu'un moyen de contourner les plafonds de déficit et d'endettement.

On en était toujours là quand le Covid-19 est apparu. Malgré la France, rien n'avait vraiment bougé depuis Maastricht mais, en économie comme en politique, arrivent fatalement des moments où chacun doit changer de pied. C'est alors que les droites défendent le social et les gauches, les actionnaires. C'est alors qu'on voit les plus orthodoxes lâcher les rênes et c'est ainsi que Mme Merkel a fini par s'asseoir sur ses critères bien-aimés car nécessité faisait loi, là aussi, comme sur la Défense commune.

Le Président n'eut pas même grand mal à convaincre la Chancelière. Alors qu'il fallait d'ordinaire six mois pour lui faire envisager de changer d'avis, Emmanuel Macron et le Covid l'y ont conduite en quelques semaines et ce sont la chancelière allemande et le président français, le monde à l'envers, qui se sont alors tournés vers leurs vingt-cinq collègues pour leur proposer que l'Union emprunte, hors budget et au nom des Vingt-Sept, en leurs noms à tous, 750 milliards d'euros.

Les Néerlandais en sont tombés de leur chaise. C'est à La Haye que la résistance fut la plus longue et la plus acharnée mais les Pays-Bas eux-mêmes ont dû finir par se plier à la réalité et ce n'est pas seulement que les Vingt-Sept ont résolu d'emprunter en commun. C'est aussi que la Commission a suspendu les critères de Maastricht – un peu comme si le Vatican suspendait la Trinité ou l'Immaculée Conception – et que le Conseil européen, les vingt-sept chefs d'État ou de gouvernements, a logiquement chargé la Commission de valider (ou non) les plans d'investissements nationaux puisqu'il s'agissait d'argent européen créé par un emprunt européen.

Un troisième tabou passait aux oubliettes car, en empruntant en commun pour investir en commun face à un défi commun, l'Union prenait, de fait, la voie de politiques industrielles. Face au soutien d'État que les États-Unis ont accordé à leurs entreprises afin de se réindustrialiser, l'Union allait même décider, trois ans plus tard, de se doter d'un Fonds de souveraineté, d'un pot commun pour sa propre réindustrialisation, alors que depuis les années 80, depuis Reagan, Thatcher et le triomphe mondial du néolibéralisme, la France s'était vu constamment opposer que les temps de Colbert, du Second Empire et du gaullisme étaient révolus. « Chers amis français, nous sommes sortis des plans et de la planification, disaient avec condescendance les autres États membres. Remontez vos montres ! Ce n'est plus aux ministres ou aux commissaires mais aux industriels de déterminer les politiques industrielles. »

Cela aura duré quelque quarante ans mais là encore, comme sur la Défense, l'Union se convertissait à ce que la France et tant d'eurodéputés d'autres pays la pressaient vainement de faire depuis si longtemps. Nos partenaires en venaient si bien à penser français que c'est à ce moment-là que j'ai commencé à systématiquement dire et écrire que l'Union, désormais, « parlait français ». Je le constatais avec jubilation et le répétais à chaque occasion car, contrairement à ce que les adversaires du projet de Constitution affirmaient en 2005, je n'avais jamais cru que les politiques européennes resteraient éternellement dictées par l'orthodoxie allemande et l'air du temps monétariste.

Dans cette révolution qu'il m'était donné de vivre, ma sixième après la décolonisation, les années 60, la « révolution conservatrice », la fin du communisme et les révolutions arabes, « mon âme bondissait de joie », comme le *Magnificat* le chante en latin. *Et exultavit spiritus meus* car, passée de courtes vues atlantistes à l'ambition historique d'une Défense commune, l'Union en venait maintenant à ce retour de Keynes auquel j'espérais tant assister depuis que j'avais couvert, aux États-Unis, sous Reagan, les débuts du grand tournant néolibéral. L'Union empruntait, non pas pour couvrir des frais de fonctionnement nationaux mais pour investir en commun. L'Union redécouvrait que le dirigisme a aussi ses vertus mais quelle ne fut pas ma stupeur de voir que tant de mes collègues, leur grande majorité en fait, y compris à Renew, tiraient une tête de trois pieds.

À les entendre, le Parlement était bafoué et la démocratie en danger. Il fallait relever le gant et ne rien céder aux États qui tentaient de reprendre le pouvoir sur l'Union. Il fallait brandir nos armes, refuser de voter le budget, ne pas plier devant ce coup de force, car ce qu'ils retenaient de ce formidable bond en avant était que le Conseil avait rogné plusieurs des enveloppes de dépenses prévues dans le projet de budget pluriannuel.

C'était vrai. Pour faire avaler aux États dits « radins » la pilule de l'emprunt, les chefs d'État ou de gouvernement étaient convenus que des dépenses budgétaires sur lesquelles des compromis avaient déjà été actés seraient diminuées, et parfois significativement. Des députés qui se targuaient hier d'avoir arraché aux États la progression d'un budget se sentaient grugés car ils jugeaient ces dépenses nécessaires. En réunion de groupe, mes collègues de différentes commissions s'époumonaient, chiffres à l'appui : « Pour moi, c'est moins tant ! », « Pour moi, c'est encore pire ! Regardez ! ». Non seulement ils se sentaient trompés et personnellement humiliés mais ils n'admettaient pas que l'esprit de la « codécision », constamment élargie depuis qu'elle avait été inscrite dans le traité de Maastricht en 1992, ait été tout tranquillement ignoré par les vingt-sept chefs d'État ou de gouvernement. Ils en étaient ulcérés car il n'y avait pas tant d'années que le Parlement « codécidait » en pouvant dire « non » et imposer ses amendements au cours des *trilogues*, les négociations qu'il mène avec la Commission et le Conseil des ministres qui réunit, lui, les ministres des Vingt-Sept par domaines de compétence. Là, les États avaient décidé seuls en vertu de la réalité des pouvoirs.

Je comprenais la rage et l'indignation qu'en ressentaient mes collègues car le Parlement se bat en permanence, bec et ongles, pour accroître ses pouvoirs face au Conseil européen, à la Commission et au Conseil des ministres – face, en un mot, au pouvoir direct ou indirect des États. Le Parlement venait là de se faire rappeler aux réalités. Les États lui avaient rappelé qu'il n'était pas leur égal mais j'étais, moi, choqué de tout autre chose.

Je crois même, et ce n'était pas bien de ma part, que j'ai jugé misérables ces réactions contre lesquelles j'ai fini par m'inscrire en faux. Trop sévère et accusant plus qu'argumentant, j'ai dit que le groupe charnière que nous constituions, le groupe le plus attaché à l'approfondissement de l'unité européenne, devrait se réjouir de l'étape que l'Union venait de franchir et en féliciter les chefs d'État ou de gouvernement plutôt que de pinailler sur la diminution d'une enveloppe ou l'autre. « Mais enfin, leur ai-je dit, l'Union va investir en commun 750 milliards d'euros et nous devrions protester contre des restrictions budgétaires que cet investissement compensera plus que largement ? »

Si je n'ai pas haussé les épaules, mon ton l'a fait pour moi mais en vain. Le seul quart d'approbation que j'ai reçu m'est venu par SMS, discrètement, en silence, en catimini, d'un de mes collègues espagnols, un économiste qui était pourtant en train de prendre la tête de cette fronde contre le Conseil. Bernard, me disait-il en substance, tu as raison, mais nous devons défendre ce Parlement, nous les députés européens, afin que la démocratie paneuropéenne ne régresse pas au profit des accords entre États, si bons soient-ils.

Nous nous sommes souri à distance mais il ne m'avait pas du tout convaincu car, pour moi, notre groupe et le Parlement auraient dû faire de cette date un jour de gloire et applaudir à tout rompre l'incroyable progrès que l'unité européenne venait de faire, d'un coup d'un seul. Pour moi, il y avait dans l'attitude de mes collègues et leurs pinaillages autant d'irresponsabilité, d'inconséquence et de fausse intelligence de la politique qu'à laisser pourrir l'affaire des deux sièges et à ne pas mettre plus de rigueur dans nos dépenses de fonctionnement.

Je ne décolérais pas car je ne pouvais pas comprendre que nous ne tambourinions pas à tous vents que l'Union – ce qui était bien le cas – avait su décider d'emprunter en commun pour investir en commun comme l'aurait fait une union fédérale ; qu'elle avait su ignorer des traités qui n'avaient pas été faits pour répondre à un retour de la peste ; qu'elle avait très vite surmonté ses premiers cafouillages, inventé une politique sanitaire commune et chargé la Commission de négocier avec les laboratoires le prix et la livraison des vaccins ; que nous avions agi là pour le bien de tous comme une puissance publique commune aux vingt-sept États membres et que nos institutions non seulement n'avaient pas plié dans l'épreuve mais avaient fait montre d'une formidable capacité d'adaptation.

J'aurais aimé que nous fassions la comparaison avec ce qu'auraient pu être, sans l'unité européenne, la concurrence entre États européens, le rapport de force avec les laboratoires, l'impuissance des plus petits pays et le brutal égoïsme des plus grands. J'aurais aimé, en un mot, que nous fassions voir aux 450 millions d'Européens les avantages et les progrès de l'unité et que leurs députés leur communiquent une fierté d'appartenir à cette Union dans laquelle nous mettons nos forces en commun plutôt que de les utiliser à nous combattre.

Je crois toujours que nous avons laissé passer là une formidable occasion de populariser le projet européen en le refondant sur les défis de ce début de siècle plutôt que de rituellement invoquer les pères fondateurs en ânonnant leurs citations, si fortes qu'elles puissent demeurer et si souvent que je le fasse moi-même. Oui, ce regret m'habite jusqu'aujourd'hui mais en même temps, si je m'oblige à prendre du recul, je dois reconnaître à mes collègues des mérites et un savoir-faire que je n'ai pas et une habileté politique à laquelle je n'aurais pas même songé recourir.

En menaçant de ne pas voter le budget de l'Union, ces Saint-Just du Parlement ont fait plus qu'obtenir des États le rétablissement partiel de certaines des lignes budgétaires rognées ou supprimées. À l'issue d'un long bras de fer, ils ont aussi conduit le Conseil et la Commission à accélérer la mise en place de plusieurs mesures essentielles.

L'Union devrait désormais disposer de véritables « ressources propres », de ressources ne dépendant plus des contributions des États membres. L'Union devrait tirer profit pour cela de l'augmentation des taxes payées par les entreprises sur leurs émissions de CO_2, de l'allocation à son budget d'une partie du nouvel impôt minimum de 15 % sur les sociétés multinationales et de l'instauration, enfin, d'un « mécanisme d'ajustement » permettant de prélever sur les produits d'importation les taxes carbone que leurs fabricants étrangers n'ont pas à acquitter.

L'Union aura ainsi fait un premier pas sur la longue route de son autonomie financière vis-à-vis des États membres. C'est un grand pas, et les pressions du Parlement ont également permis que s'instaurent plus nettement et rapidement les nouvelles règles permettant de « conditionner » au respect de l'État de droit le versement des fonds européens aux États membres.

C'est tout aussi porteur d'avenir. Les gouvernements polonais et hongrois n'ont pas tardé à l'éprouver mais reste une question, fondamentale et qu'on ne saurait se dispenser de poser. Jusqu'à quel point le Parlement a-t-il été décisif alors que les ressources propres et la conditionnalité avaient déjà été mises à l'agenda européen par le besoin de nouvelles sources de financement, les exigences de la lutte contre le réchauffement climatique et les violations de l'État de droit commises à Budapest et Varsovie ? Mes collègues, en un mot, ont-ils été mouches du coche, accélérateurs ou réels initiateurs de changements qui ne se seraient pas avérés sans eux ?

Difficile à dire car nous étions dans un entre-deux, dans un moment où le Conseil européen était en train de se faire à l'idée des ressources propres après les avoir si longtemps refusées malgré les pressions du Parlement. Je ne me lancerai donc pas dans l'art risqué de l'uchronie mais je ne vois pas les raisons pour lesquelles une approbation enthousiaste de la relance de nos économies par un emprunt commun aurait handicapé l'action des députés européens en faveur de la conditionnalité et des premiers pas d'une fiscalité commune. Il me semble, au contraire, que notre poids en aurait été grandi mais le fait est, c'est ainsi, qu'il y a compétition entre le Parlement et le Conseil, entre la Chambre de l'Union et celle des États. C'est une compétition d'idées mais également de pouvoirs et même d'ego. Elle est permanente, rituelle, souvent consternante, et c'est dès les premières semaines de la mandature que j'avais pu constater l'ampleur de ces pugilats entre institutions rivales.

À l'arraché, après de longs marchandages, les États venaient alors de se mettre d'accord sur la répartition des plus grands postes de l'Union pour les cinq années à venir. La présidence de la Commission revenait à Ursula von der Leyen, une démocrate-chrétienne allemande, fille d'un haut fonctionnaire européen et parfaitement francophone car élevée à Bruxelles. La présidence du Conseil allait à un Belge, Charles Michel, centriste et ardent défenseur d'un approfondissement de l'unité européenne. La présidence du Parlement et le poste de Haut Représentant pour les affaires étrangères et de sécurité revenaient enfin à des sociaux-démocrates italien et espagnol, David Sassoli et Josep Borrell.

Tous les grands courants politiques étaient représentés et tous l'étaient par des Européens aux convictions trempées. Dans son discours d'investiture, Ursula von der Leyen allait inscrire sa Commission dans les temps contemporains en forgeant l'expression de « Commission géopolitique ». Je n'aurais pas pu rêver mieux que cette équipe mais, ce jour-là, mes collègues sont indignés, y compris la plupart des Français de ma délégation alors même qu'Emmanuel Macron a largement œuvré à ce cocktail. Que se passe-t-il ? Qu'auraient-ils voulu d'autre ? Où est le problème ?

Une jeune libérale allemande que l'ordre alphabétique place à ma droite dans les réunions de groupe et un talentueux macroniste français me l'expliquent avec les mêmes mots que j'entendrai dans la bouche d'élus socialistes et conservateurs de toutes nationalités. « Le problème, me disent-ils, est que ce sont, une fois de plus, les États qui décident. » Le problème, m'expliquent-ils, est que « le Conseil a encore une fois ignoré le Parlement » en ne lui proposant pas, contrairement aux engagements pris, d'élire à la présidence de la Commission le chef de file de la liste arrivée en tête aux élections européennes.

Le conflit remontait à loin.

Près de vingt-cinq ans plus tôt, Jacques Delors avait avancé l'idée de faire des têtes de liste constituées pour les élections européennes des candidats à la présidence de la Commission. Il s'était dit que l'ensemble des partis pourraient alors conclure un pacte réservant ce poste au chef de file de la liste gagnante. Dans le style qui était le sien, il avait suggéré une révolution tranquille car, sans changement des traités, sans qu'il soit besoin de revenir sur la répartition des rôles entre le Conseil qui désigne le candidat à la présidence de la Commission et les députés qui lui accordent (ou non) leur investiture, son idée donnait la possibilité aux électeurs de directement élire le président de l'exécutif européen en accordant la majorité à la liste de leur choix. Avec ce tour de passe-passe, ce n'étaient plus les États mais l'électorat paneuropéen, celui de l'Union, qui décidait de qui piloterait l'exécutif pour cinq ans et avec quelles priorités.

À l'époque, Jacques Delors n'était plus président de la Commission mais président de l'institut qui porte son nom et éditorialiste au *Nouvel Observateur* où j'étais revenu diriger la rédaction aux côtés de Jean Daniel, le fondateur du journal. Entre Jacques et moi, les relations étaient tellement confiantes qu'il lui arrivait de m'exposer l'idée qu'il voulait développer et de me charger de le faire, sous sa signature.

Son idée des têtes de liste, des *Spitzenkandidaten* en allemand, je la connaissais donc intimement. Elle m'avait séduit d'emblée car c'était un moyen de faire participer un plus grand nombre d'électeurs aux élections européennes en en personnalisant l'enjeu, de mieux faire comprendre ce qu'étaient le Parlement, le Conseil et la Commission, et de faire émerger l'Union comme un ensemble politique de nature fédérale et procédant, en conséquence, d'une démocratie directe. Cette idée, je l'avais toujours défendue depuis lors mais, après avoir parfaitement bien fonctionné avec l'élection de Jean-Claude Juncker en 2014, elle se heurtait maintenant aux réticences suscitées par la personnalité de Manfred Weber, tête de liste du PPE et vainqueur, à ce titre, des élections de 2019. Ni la chancelière allemande, sa concitoyenne et cheffe de file de sa famille politique, ni les élus, y compris allemands, du PPE, ni ceux des autres groupes qui l'avaient connu sous la précédente mandature ne le soutenaient autrement que du bout des lèvres et tout bloquait de partout.

Il fallait sortir de l'impasse et l'idée de faire appel à une autre personnalité du même parti et de la même nationalité ne me semblait nullement attentatoire à la démocratie. Je ne voyais là que logique, sagesse et nécessité. Je le disais sans cacher mon incompréhension de ce lamento général sur l'humiliation qu'aurait subie le Parlement. Je plaidais pour l'équipe proposée par le Conseil mais, les jours passant, j'ai pourtant dû admettre, au fond de moi, que je n'étais pas moins en contradiction avec moi-même que mes collègues ne l'étaient.

Si eux ne s'étaient pas souciés de trouver un candidat de substitution à Manfred Weber dont ils ne voulaient pas plus que le Conseil, j'avais, quant à moi, bien vite pris mon parti de ce qui était bel et bien un recul de la si lente progression de la démocratie directe dans l'Union. Pas un de mes sourcils ne s'en était levé. Je ne m'en étais pas plus ému que je n'allais le faire dans la bataille autour de l'emprunt commun. Pour dire les choses comme je dois les dire, j'étais plus sensible aux raisons des États qu'à celles du Parlement alors même que je pense, dis et écris depuis trente-cinq ans qu'on ne pourra pas toujours plus multiplier les politiques communes sans démocratiser, dans le même temps, les institutions européennes.

On ne le pourra pas, je continue de le penser, car il y a un problème de démocratie dans l'Union, un réel et très sérieux problème qui n'est pas qu'elle serait gouvernée par des « technocrates non élus » et exercerait une dictature faisant d'elle une « prison des peuples ». C'est ce qu'aimait à dire Mme Le Pen avant que le Brexit ne vienne montrer qu'il suffisait d'un vote des détenus pour que s'ouvrent les portes du bagne mais elle avait tort, totalement tort.

Les membres de la Commission sont désignés par les gouvernements démocratiquement élus des États membres. Le président de la Commission comme la Commission elle-même doivent être investis par un Parlement élu au suffrage universel direct et, dans l'Union, la réalité du pouvoir – dotations budgétaires, impulsions politiques, décisions de politique étrangère – procède des chefs d'État ou de gouvernement, démocratiquement élus par leur pays et réunis dans le Conseil européen, ou Conseil tout court.

Lorsqu'on dit que « Bruxelles décide », que « Bruxelles impose » ou qu'il faudrait savoir « désobéir à Bruxelles », on ne fait que tromper les électeurs car l'Union européenne ne décide ni n'impose rien. Elle applique les traités négociés par les États membres, n'agit que dans les cadres fixés par leurs chefs d'État ou de gouvernement et légifère, dans de plus en plus de domaines, en codécision, à l'issue des négociations en trilogue entre un Parlement élu, des Commissaires désignés par des gouvernements élus et les ministres des gouvernements nationaux investis par les Parlements des États membres. « Désobéir à Bruxelles » ne signifierait ainsi que désobéir à des décisions prises en commun en vertu de règles adoptées en commun et, plus grave encore, la fable de la tyrannie bruxelloise dispense d'ouvrir le débat sur les choix institutionnels qui s'offrent à nous.

Faut-il considérer que, pour les années à venir, le statu quo reste la meilleure solution ? Faut-il accélérer la marche institutionnelle vers l'union politique comme les évolutions du monde nous y poussent ? Faut-il, au contraire, en revenir au seul Marché commun comme le souhaiteraient, mais sans plus le dire, beaucoup des souverainistes ?

C'est là qu'est le débat, le vrai, car tout a changé dans l'Union, sauf ses institutions. Il y a eu des inflexions. Il y a eu de notables évolutions comme la codécision et l'accroissement concomitant des pouvoirs du Parlement et du Conseil mais nous sommes encore bien proches des équilibres institutionnels définis par le traité de Rome, en 1957, alors que nous ne sommes plus « les Communautés » mais l'Union européenne. Nous ne sommes plus une communauté de vieux États – « d'œufs durs dont on ne peut pas faire une omelette », comme l'aurait dit le général de Gaulle – mais une esquisse de fédération avec une monnaie unique, des emprunts et des investissements communs, des objectifs environnementaux communs – ceux du *Green Deal* adopté sous cette dernière mandature –, une Défense dont tout dit, grâce à MM. Trump et Poutine, qu'elle va devenir commune et un sentiment de la nécessité de l'unité politique de l'Europe qui s'affirme dans nos opinions.

Sur le papier, nous sommes dans un système fédéral bicaméral tout à fait semblable à celui des États-Unis. Tout comme les États américains sont représentés au Sénat avec deux voix chacun quel que soit leur poids, les vingt-sept États membres le sont au Conseil européen avec une voix chacun. Tout comme la population américaine l'est à la Chambre des représentants, la population de l'Union est représentée au Parlement européen en proportion de l'importance démographique de chacun des États membres. Tout comme aux États-Unis, il y a une Chambre des États et une Chambre de l'Union mais le bicamérisme européen est si totalement bancal qu'il n'en est pas un puisque, dans l'Union, le vrai pouvoir revient au Conseil, c'est-à-dire aux seuls États.

Ce sont les vingt-sept chefs d'État ou de gouvernement qui décident ensemble des grandes orientations communes. Non seulement ils abondent le budget par les contributions nationales mais, bien que le Parlement puisse récuser les candidatures qu'ils proposent, ce sont eux qui composent la Commission.

Le pouvoir du Conseil est si total que l'exécutif de l'Union, la Commission, est à sa main. Bien que les traités garantissent son indépendance, bien qu'elle ne perde jamais une occasion de se rebeller et qu'elle s'appuie sur 33 000 fonctionnaires dont le nombre et la compétence lui confèrent un poids certain, elle demeure l'exécutant des États car, lorsqu'elle propose les législations communes, elle ne fait que mettre en musique les orientations qu'ils ont définies.

Rouage essentiel de l'Union, la Commission n'est précisément qu'un rouage et le Parlement, quant à lui, ne peut qu'amender, dire « non » et faire campagne en faveur d'idées auxquelles seuls les États peuvent donner corps. Le Parlement peut se battre pour faire interdire l'emploi du glyphosate ou l'achat de véhicules à essence plus rapidement que les États ou certains d'entre eux ne le souhaiteraient. Il peut engager de grandes batailles et finir par les gagner mais il ne pèse qu'en vertu du pouvoir d'obstruction, de refus si l'on préfère, de veto en fait, que les États lui ont accordé en rendant indispensable son aval dans un nombre de domaines toujours croissant. C'est tout sauf négligeable. En brandissant la menace d'un blocage, les députés imposent de plus en plus souvent des compromis au Conseil et à la Commission parce qu'ils veulent élargir leur pouvoir et que la codécision leur en donne la possibilité. La démocratie directe en progresse un peu, pas à pas, mais le Parlement européen reste un semblant de Parlement puisque les États ont réservé l'initiative législative à la Commission de peur que les députés ne puissent leur imposer des législations dont ils ne voudraient pas et que le pouvoir ne finisse par leur échapper car ils auraient à le partager.

Soir et matin, les souverainistes hurlent à la dépossession des États et à la dictature de « Bruxelles » mais la situation est exactement inverse. Nul autre que les États n'a le pouvoir dans l'Union et c'est tout le problème car, si démocratiquement élus qu'ils soient, les vingt-sept chefs d'État ou de gouvernement ne parviennent à leurs décisions communes qu'au terme de processus de négociations si complexes qu'ils ne peuvent qu'échapper aux citoyens et même aux Parlements, à la presse et aux partis politiques.

Avant chaque réunion du Conseil européen, les « RP », les représentants permanents des États auprès de l'Union, les ministres des Affaires européennes, et les conseillers Europe des vingt-sept chefs d'État ou de gouvernement passent en revue les souhaits de chacun, leurs lignes rouges et les possibilités de convergence. Le président du Conseil et son équipe esquissent de premières ébauches de compromis et préparent les longues tractations qui resteront à conclure, porte close, à vingt-sept, durant des sommets dont les prolongations nocturnes sont un classique. Ultime moment de préparation, les dirigeants nationaux se concertent à deux ou quelques-uns avant d'aller à Bruxelles ou en y arrivant mais tout cela reste si largement insaisissable, fluctuant et flou jusqu'au dernier deal de la dernière seconde de la dernière heure que, souvent, personne ne sait plus vraiment comment on y est arrivé ou pas arrivé.

Il y a un manque de lisibilité démocratique, de possibilité de réellement comprendre le fonctionnement des institutions communes et ce n'est pas tout. Le fait est aussi que cet ensemble en devenir dont on ignore encore quelle forme il finira par prendre, évolue beaucoup moins en vertu de décisions démocratiques des nations constituantes que des nécessités du moment et des compromis auxquels les Vingt-Sept doivent parvenir durant les huis clos du Conseil. Ces dernières années, celles que j'ai vécues au Parlement, en sont le meilleur exemple car, prenons la pandémie.

Il est évidemment heureux que l'Union ait aussi bien su y faire face. Que n'aurait-on pas dit si ça n'avait pas été le cas ! Dans toutes les capitales, c'eût été le triomphe de l'europhobie, un concert de critiques sur l'incapacité de « Bruxelles » à protéger les Européens mais il n'en reste pas moins que le Covid-19 a permis à l'Union d'étendre ses compétences sans qu'une modification des traités ait été ratifiée par voie parlementaire ou référendaire. Ça s'est fait parce qu'il l'a fallu et aucune consultation démocratique, nulle part, dans un aucun pays, n'a non plus donné son feu vert à la nouvelle ère européenne dans laquelle nous ont fait entrer la fin des tabous sur la Défense commune, l'emprunt commun et les investissements communs.

Cela s'est fait parce qu'il l'a fallu, parce que M. Trump et M. Covid nous y ont conduits sans que quiconque en conteste la nécessité, mais la démocratie ? Où était-elle dans ces années durant lesquelles l'agression de M. Poutine nous a également conduits à armer l'Ukraine et à ainsi faire un pas de plus vers l'Europe politique, partie prenante, en l'occurrence, d'une guerre aux frontières de l'Union ?

Même les plus fous des complotistes n'iraient pas jusqu'à dire que « Bruxelles » aurait passé commande du Covid à un laboratoire chinois et de la guerre d'Ukraine au Kremlin afin d'affirmer une prééminence sur les États membres mais quelque chose ne va pas. Ce sentiment qu'éprouve une partie des électeurs de nos pays de ne plus peser sur les politiques nationales, on le retrouve, en bien plus profond, vis-à-vis de politiques communes qui ont souvent plus d'impact sur nos vies que les politiques nationales.

Dès lors que tant de décisions se prennent au niveau européen, la logique politique et l'impératif démocratique voudraient, en un mot, que l'Union soit dotée d'un exécutif fédéral, procédant du vrai Parlement que devrait devenir le Parlement européen. Il y a urgence à ce que nous y arrivions. Si nous tardons trop à prendre cette direction, l'avantage pourrait vite revenir, comme hier en Grande-Bretagne, aux démagogues les plus insensés. C'est pour cela que je suis plus fédéraliste que jamais. C'est pour cela que depuis l'instant où je me suis dit, l'année de la chute du mur, que l'implosion soviétique commandait de bâtir une Europe politique forte à laquelle puissent s'arrimer l'Afrique, la Russie postsoviétique et le Proche-Orient, je rêve de la naissance des États-Unis d'Europe avec la même ardeur que Victor Hugo dont le discours d'août 1849 est tellement essentiel.

Lisez-le, relisez-le et, si vous l'avez déjà lu vingt fois, lisez-le à vos enfants et petits-enfants. « Un jour viendra, avait alors dit ce si grand homme, où [...] vous toutes nations du continent, sans perdre vos qualités distinctes et votre glorieuse individualité, vous vous fondrez étroitement dans une unité supérieure et vous constituerez la fraternité européenne, absolument comme [...] toutes nos provinces se sont fondues dans la France. Un jour viendra [...] où les boulets et les bombes seront remplacés par les votes, par le suffrage universel des peuples, par le vénérable arbitrage d'un grand Sénat souverain qui sera à l'Europe ce que le Parlement est à l'Angleterre, ce que la Diète est à l'Allemagne, ce que l'Assemblée législative est à la France... »

Oui, un jour viendra car il devra venir. Lisez et relisez ce discours, méditez sa justesse, nourrissez-vous de son lyrisme mais depuis que je suis entré au Parlement, depuis que j'en suis député... Comment dire ?

Je vais autant surprendre que je me suis surpris moi-même. Je n'aime pas avoir à le reconnaître mais, expérience faite, je crains aujourd'hui qu'il ne faille pas forcer le pas. Je n'aime pas l'écrire mais à mi-mandat déjà j'en étais arrivé à me murmurer puis à me dire que ce serait risquer de tuer l'idée même des États-Unis d'Europe que de vouloir trop vite réduire le pouvoir des États en donnant au Parlement autant de poids qu'ils en ont. Devenu député-journaliste, plongé dans le fonctionnement quotidien de l'Union, j'en suis arrivé à penser le contraire de ce que le journaliste tout court affirmait de l'extérieur et à en conclure que ce n'est pas le pied sur l'accélérateur mais à pas comptés, réfléchis et progressifs, qu'il nous faut sortir de cet intenable statu quo et marcher vers les institutions fédérales auxquelles il nous faudra parvenir un jour.

D'un côté, je n'abjure nullement le fédéralisme dont je me réclame avec la même conviction que toujours. Je cite Hugo, loue son lyrisme, dénonce les dangers de l'opacité des institutions actuelles et leur anachronisme mais je dis, de l'autre – en apparente contradiction avec moi-même, je le sais – qu'il ne faudrait pas nous hâter d'en changer sous peine de nous emmêler les pieds et d'entraîner l'Union dans notre chute. Je le dis parce que je suis fédéraliste et que je me suis aujourd'hui convaincu qu'il fallait aller *allegro ma non troppo*, à bon rythme mais pas trop, car je ne crois plus, d'abord, que le Parlement aurait dès maintenant assez de légitimité pour s'opposer au Conseil sur une question fondamentale.

Même impopulaires, même contestés ou contestables, les vingt-sept chefs d'État ou de gouvernement qui le composent sont reconnus par leurs électorats nationaux et souvent identifiés par l'électorat paneuropéen alors que nous, les députés européens, sommes encore loin de l'être. Les dirigeants nationaux rassurent par leur enracinement tandis que nous les MEP, *Members of the European Parliament*, restons des Objets politiques mal identifiés, des OPMI. Même si la Chambre de l'Union était soudain dotée demain des mêmes pouvoirs que celle des États, je ne crois donc pas que nous pourrions déjà sortir gagnants, nous les eurodéputés, d'une vraie bataille avec les Vingt-Sept sur un choix déterminant le long terme, obligeant à des changements d'ampleur et bousculant les intérêts de trop de gens de trop de poids ou trop nombreux.

Pour encore quelques décennies sans doute, pour de nombreuses années certainement, le dernier mot sur les choix stratégiques doit être laissé aux dirigeants nationaux parce qu'ils sont directement en charge des attentes quotidiennes des 450 millions d'Européens, qu'ils sont sur le terrain, que leur légitimité reste vue comme autrement plus indiscutable que la nôtre, que nos opinions publiques n'admettraient pas que « l'Europe » (le Parlement en l'occurrence) impose à des gouvernements élus des politiques dont ils ne voudraient pas, que ce serait pain béni pour les extrêmes droites et que...

Là encore, comment le dire ? Comment éviter de blesser quiconque ou de sembler, bien à tort, abaisser le Parlement ?

Disons qu'on n'y est pas, pas encore en tout cas, car tout ce qui fait, d'abord, la richesse intellectuelle, le charme et l'originalité du Parlement européen en fait également un monde qui n'est semblable à aucun autre. Du temps où il y siégeait, Michel Rocard m'avait un jour dit : « Ce qu'il y a de bien avec ce Parlement, c'est que tous les partis de tous les pays y envoient leurs emmerdeurs. » Il se rangeait dans cette catégorie, celle des gêneurs, voulait-il dire, de ceux qui posent trop de bonnes questions pour que leurs camarades puissent supporter leur présence sur la scène nationale mais qui sont en même temps trop brillants, connus et appréciés pour être simplement placardisés.

Rocard avait tellement raison que les amis et complices que j'ai pu me faire dans tous les groupes, extrême droite exceptée, me font beaucoup penser à lui. Peu d'entre eux auraient fait une carrière politique nationale ou auraient pu longtemps poursuivre celle qu'ils avaient entamée car ils sont, comme il l'était, trop ouverts aux raisons de l'autre, trop avertis de l'histoire des idées politiques et de l'Histoire tout court pour faire des gens d'appareil.

« Ingénieur » comme il le rappelle constamment pour mieux souligner son constant désir d'inventer et bâtir, Andrius Kubilius en est le parfait exemple. Éternel sourire d'enfant et ancien Premier ministre, ce conservateur lituanien a une obsession : préparer et favoriser le moment où une Russie pacifique et sortie de la dictature pourrait se rapprocher de l'Union européenne, non pas pour y entrer mais pour assurer avec elle la stabilité et la prospérité de notre continent. Nos vues sur la Russie sont si semblables que lorsque j'eus échoué à faire adopter mon « Adresse au peuple russe » par mon groupe, Andrius l'a signée en son nom propre, avec un social-démocrate polonais, Włodzimierz Cimoszewicz, ancien Premier ministre lui aussi.

Nous avons été publiés en Pologne, dans les pays baltes, en Hongrie, en Suède, en Italie par *La Repub-*

blica, en France par *Libération* et en Russie même par le site de la radio Écho de Moscou qui n'avait pas encore été muselée. Au bas de ce texte, nous formions un trio de francs-tireurs mais un trio de poids car un Français de la majorité présidentielle et deux anciens Premiers ministres de Pologne et de Lituanie, ce n'était pas rien mais prenons maintenant Róża Thun.

Enfant de l'aristocratie polonaise et épouse d'un des grands noms de l'aristocratie allemande, cette catholique convaincue n'a pas seulement été une jeune militante de Solidarité sous le communisme. Elle est aussi l'une des personnalités les plus haïes de la droite polonaise car elle est sur tous les fronts, défense des libertés, défense de l'unité européenne, défense de l'indépendance de la Justice, défense de l'Ukraine et défense, hier, des réfugiés bloqués à la frontière bélarusse. Cheveux courts, élégance sans fards, Róża est l'intransigeance même, ne cède jamais sur les principes et a rejoint Renew après avoir quitté le groupe PPE auquel elle reprochait de trop tarder à rompre avec Viktor Orbán.

Est-elle de gauche ? De droite ? Je doute qu'elle le sache elle-même mais elle est le plus exquis des bulldozers. Elle est mon amie et je pourrais encore citer bien d'autres noms d'« emmerdeurs » de ce genre, de militants pour lesquels rien n'est plus important en politique que l'unité européenne ; d'anciens ministres des Affaires étrangères à la sagesse nourrie d'expérience ; d'anciens assistants suprêmement expérimentés et également d'une nouvelle et toujours plus nombreuse génération politique, hommes et femmes de moins quarante ans, souvent binationaux et pour lesquels c'est à Bruxelles et nulle part ailleurs que l'avenir se construit.

Ce sont eux qui viennent de faire tomber la moyenne d'âge du Parlement à moins de cinquante ans et qui y ont importé cet air du temps fait de *Me Too* et de panique générationnelle devant le réchauffement climatique et le recul de la biodiversité. Il y a un groupe des Verts dans l'hémicycle mais il y a des Verts dans presque tous les groupes et c'est ce mélange de non-conformisme et de foi européenne, de jeunesse et d'expérience politique qui rend le Parlement tellement attachant, réactif et inventif mais qui en fait aussi un monde à part. Nous ne sommes en fait pas représentatifs car nous sommes l'Europe que l'Europe sera demain mais qu'elle n'est pas encore ou seulement en germe. Nous sommes une préfiguration d'un aboutissement qui reste incertain et dans laquelle peu d'Européens pourraient pleinement se reconnaître car si chacun de nous et nos courants respectifs incarnent bel et bien des morceaux d'Europe, le puzzle que nous formons ne ressemble à rien d'existant puisque, pour l'heure, les États-Unis d'Europe n'existent qu'en pointillé.

Et puis…

Je vais de nouveau tendre les verges pour me faire battre mais disons-le car c'est un fait. Parce qu'il n'est que partiellement décisionnel, le Parlement peut encore céder à d'étranges logiques internes, à d'invraisemblables folklores ou même à des irresponsabilités d'adolescent immature. Lorsqu'on nous a annoncé, en réunion de groupe, que nous devrions obligatoirement suivre, nous tous, tous les députés, hommes et femmes, des cours de comportement afin d'apprendre à éviter toute forme de harcèlement, je n'ai pas cru ce que j'avais entendu. J'ai demandé confirmation à ma voisine de gauche puis à mon voisin de droite mais non, j'avais bien compris et nous ne fûmes que trois ou quatre à dire que ce serait sans nous car nous récusions la présomption de culpabilité. Le silence était réprobateur, les regards étonnés, mais il y a bien plus problématique que ces inévitables dérapages de la lutte contre le harcèlement.

Plusieurs députés avaient appelé Josep Borrell à ne pas se rendre à Moscou alors que Vladimir Poutine venait de renvoyer en camp son principal opposant, Alexeï Navalny. Déjà victime six mois plus tôt d'une tentative d'empoisonnement, ce Robin des Bois était devenu le héros du Parlement mais le Haut Représentant avait ignoré ces mises en garde parce qu'il souhaitait sonder Sergueï Lavrov, le chef de la diplomatie russe, avant de présenter un nouveau rapport sur les relations avec Moscou, déjà considérablement tendues.

Même le refus du Kremlin de le laisser rencontrer Navalny ne l'avait pas dissuadé et ce 5 février 2021 la conférence de presse qu'il tient aux côtés du ministre russe tourne à la corrida, avec mise à mort programmée. Les plus officiels des porte-plumes locaux le bombardent de questions accusatrices sur les méfaits de l'Occident. Josep Borrell se refuse à dégainer à son tour car il ne veut pas aller au clash et pendant qu'il se fait ainsi humilier, la diplomatie russe annonce l'expulsion de trois diplomates européens qui avaient eu l'audace d'aller observer des manifestations de soutien à Navalny.

C'est l'Union qui est giflée. Sergueï Lavrov ne fait rien pour cacher sa joie. Elle se lit sur son visage d'ordinaire aussi fermé qu'une porte de prison et le retour de Josep Borrell à Bruxelles est affreux. Couloirs et réunions du Parlement l'accusent, vent debout, de mollesse, d'incompétence et, plus grave encore, de « naïveté ». Seuls tentent de le défendre les socialistes espagnols, ses camarades de parti, et le grondement de fureur devient appel à la démission. C'était un lynchage, si excessif, injuste et déplaisant que je fais observer, en réunion de groupe, que ce sont Poutine et Lavrov qui viennent de refuser tout dialogue et que c'est eux que le Parlement devrait mettre en accusation plutôt que de s'en prendre à Borrell et de faire ainsi le jeu du Kremlin.

Quelques collègues m'ont alors soutenu. D'autres l'ont fait après réflexion. Artificiellement attisée par la droite espagnole, la tempête allait se calmer en quelques jours mais comment, pourquoi le Parlement européen avait-il pu se laisser aller à tant d'aveugle passion ?

Le goût du sang ? L'effet de meute ? Ces contagions n'épargnent pas même les plus nobles assemblées mais la vraie raison en est que, collectivement parlant, le Parlement vit dans une permanente frustration de ne pas avoir le pouvoir, tout le pouvoir comme les Communes l'ont en Grande-Bretagne. Ses députés voient en conséquence rouge à la moindre insuffisance de la Chambre des États ou de la Commission, au moindre retard, à la plus petite erreur et naturellement à la vraie faute. Cela ne veut pas dire que le Parlement n'ait pas souvent raison car il y a assez de retard et d'ambiguïtés dans les compromis auxquels arrive le Conseil et les difficultés de la Commission à les mettre en œuvre pour que ses critiques soient souvent fondées. Tout le problème est qu'elles sont trop souvent formulées avec une morgue d'impatients convaincus de pouvoir être meilleurs califes que le calife alors que ce n'est pas toujours le cas.

Sans même parler de la découverte de brebis galeuses vendues à des puissances étrangères, le Parlement a aussi ses faiblesses et la première est de se croire irréprochable et exempt d'entorses aux principes qu'il défend. Nous pouvons être fiers, nous les eurodéputés, de la vigueur avec laquelle nous dénonçons les violations de l'État de droit en Pologne et en Hongrie et appelons le Conseil et la Commission à les sanctionner. Lorsque la droite polonaise a pratiquement supprimé le droit à l'avortement, nos condamnations ont été aussi indignées qu'elles devaient l'être mais comment, dans ces conditions, avons-nous pu élire à la présidence du Parlement une députée hostile au droit à l'interruption de grossesse ?

Je ne sais pas si c'est en vertu d'une intime conviction que Roberta Metsola ne défend pas ce droit ou parce que l'avortement reste interdit à Malte, pays dont elle est ressortissante. Là n'est d'ailleurs pas le problème mais je me suis senti très seul lorsque cette dame exceptionnellement brillante et pleine d'autorité est venue présenter sa candidature devant le groupe Renew. J'étais inscrit parmi les tout premiers orateurs. Je vais droit au but. « Madame, lui dis-je, je ne voterai pas pour vous et j'espère que mon groupe ne le fera pas car, à l'heure où la Cour suprême américaine s'apprête à remettre en question le libre choix, notre Parlement ne peut pas porter à sa présidence quelqu'un qui ne défende pas cette liberté. » Je ne m'attendais pas à être porté en triomphe mais le silence est devenu si pesant que j'ai rapidement quitté la salle.

J'ignore ainsi combien de mes collègues sont intervenus dans le même sens mais ils ont été peu, très peu, car outre un vrai savoir-faire, Mme Metsola avait l'avantage d'être soutenue par les chefs de file du PPE, des sociaux-démocrates et de Renew. Elle l'était parce que c'est entre les chefs d'État ou de gouvernement appartenant à ces courants politiques que s'était scellé l'accord sur la répartition des grands postes et que cet accord prévoyait que la présidence du Parlement reviendrait à un social-démocrate pour la première moitié du mandat puis à un conservateur du PPE pour la seconde.

Les conservateurs avaient choisi Roberta Metsola pour candidate et les deux autres groupes avaient d'autant plus facilement accepté ce choix qu'elle était connue pour sa maîtrise des dossiers et pour avoir souvent pris des positions très libérales sur l'immigration et les droits des LGBT. Dans les équilibres et la vie d'un Parlement, cela se tenait. En termes de logique interne, cela se comprenait mais le message politique que nous allions envoyer à l'extérieur ? Mais l'image que nous allions donner de nous-mêmes ?

« Mais l'avortement, mais les droits des femmes ? avais-je dit en réunion de délégation. — Oui, Bernard, bien sûr, mais on ne peut pas remettre en question nos accords et semer une pagaille sans fin. — Naturellement pas, mais nous pourrions dire aux conservateurs que le libre choix est pour nous une ligne rouge, une question de principe, et que nous voterions pour tout autre candidat du PPE. »

Très proche d'Emmanuel Macron et secrétaire d'État aux Affaires européennes, Clément Beaune avait la même position que la mienne. Le président de la République ne pouvait pas intervenir dans les débats du Parlement mais j'ai toute raison de croire qu'il pensait ce que nous pensions Clément et moi. Il y eut bataille mais rien n'y a fait car les accords de groupe pesaient plus que des principes essentiels que nous défendions en Pologne mais pas à Bruxelles. La politique, c'est aussi cela et, durant ces journées, j'ai vu les plus Saint-Just des Saint-Just se taire ou même batailler dans l'ombre pour éviter qu'un conflit entre les trois groupes majoritaires ne contrarie des compromis sur d'autres sujets d'importance ou, plus simplement, des plans de carrière.

« Rien de neuf sous le soleil », auraient dit les Romains. « C'est la vie ! » dit le sens commun. Oui, bien sûr. Si immense que soit ma sympathie pour Alceste, je n'ignore pas la pertinence de Philinte mais cette inconséquence parlementaire a beaucoup contribué à mon évolution sur les équilibres institutionnels de l'Union. C'est à ce moment-là que j'ai commencé à me dire que nous n'en étions pas encore au point où la Chambre de l'Union devrait prendre autant de poids que celle des États. C'est dans le silence qui avait suivi l'annonce de mon refus de voter pour Roberta Metsola que je me suis mis à penser que les fédéralistes dont je suis devaient se garder de vouloir trop presser le pas, mais pourquoi ? Pourquoi ce moment qui, après tout, n'aura rien changé à la position du Parlement et de l'Union sur le droit à l'avortement est-il devenu pour moi si déterminant ?

La première raison en est que ce n'était ni la première ni la dernière fois que le Parlement allait me laisser perplexe. Je n'étais pas sorti de mon incompréhension du coup de chaud de mes collègues contre le Conseil à propos des grands postes qu'éclate la crise bélarusse. En ce printemps 2020, en poste depuis six ans de plus que Poutine, Alexandre Loukachenko est si profondément rejeté par son peuple que sa réélection n'a plus rien d'évident. Lui qui avait toujours si bien su surnager en caressant le Kremlin, ménageant les Occidentaux, réprimant toute opposition et cultivant un style soviétique dont la pérennité rassurait les plus anciens, le voilà menacé d'un désaveu électoral dont il ne pourrait pas cacher l'ampleur.

Il fait donc jeter en prison les deux candidats de l'opposition. La tension monte encore dans tout le pays. À Bruxelles, le Parlement vit à l'heure bélarusse et vibre pour Svetlana Tikhanovskaïa qui s'est présentée à la place de son mari emprisonné. Aussi déterminée qu'inexpérimentée, cette jeune professeur d'anglais s'impose si bien que Loukachenko doit éhontément bourrer les urnes. Grèves et manifestations, le Bélarusse s'enflamme et une idée me vient.

Le Parlement, me dis-je, pourrait envoyer au Kremlin une « mission de haut niveau » constituée d'anciens dirigeants polonais, allemand et français pour tenter de faire valoir à Vladimir Poutine qu'en soutenant Loukachenko il va perdre le Bélarusse alors qu'il pourrait se l'attacher en permettant un changement. Ce serait, bien sûr, reconnaître la réalité de sa mainmise sur ce pays théoriquement indépendant mais ce serait aussi favoriser une évolution politique et faire cesser une répression devenant extrêmement brutale.

L'idée séduit nombre d'élus polonais et baltes des groupes conservateur et social-démocrate. Nous nous agitons si bien que la conférence des présidents de groupe nous soutient bientôt. L'idée prend, vraiment, mais finit bien vite par se perdre dans les sables de trente-deux instances comme si ce Parlement qui veut tant exister craignait en réalité de trop s'affirmer.

J'en avais été déçu et parallèlement, la ratification d'un accord de libre-échange avec le Vietnam m'a de nouveau stupéfié.

Au Parlement, le libre-échange suscite une permanente guerre de religion entre écologistes et libéraux. Les uns considèrent que les échanges commerciaux adoucissent les mœurs en accélérant la contagion de la liberté et favorisant la progression des niveaux de vie. Les autres font valoir au contraire que le libre-échange développe le transport à longue distance de marchandises que l'on pourrait le plus souvent produire localement, qu'il contribue ainsi au réchauffement climatique et qu'il affaiblit, de surcroît, les normes sociales et environnementales que les Démocraties ont établies de longue lutte et que la plupart des grands exportateurs, Chine en tête, ignorent totalement.

Le durcissement du régime chinois n'étaye pas l'argumentaire des libéraux. Les Verts ont trop tendance à oublier que le protectionnisme a plus souvent été porteur de guerres que de paix. L'un dans l'autre, la Commission est plus favorable au libre-échange que le Parlement ne l'est, sauf INTA, bastion des libre-échangistes mais stop ! Je m'arrête là et traduis car voilà que je commence à parler bruxellois.

INTA est la commission du commerce international, comme AFCO est celle des affaires constitutionnelles ; REGI, celle du développement régional ; ITRE, celle de l'industrie, de la recherche et de l'énergie ou ENVI, celle de l'environnement, de la santé publique et de la sécurité alimentaire. À l'orthographe près, j'adore ENVI pour la douceur de ce mot mais je me perds toujours dans cette immense forêt de sigles, tantôt anglais, tantôt français, car le Conseil et la Commission ont aussi les leurs.

En fait, tout le monde s'y perd, sauf les interprètes qui du roumain au finlandais, du portugais à l'estonien, du polonais au danois, parlent toutes les langues de l'Union, bruxellois compris. En cabines, surplombant nos réunions, ils sont toujours là même lorsque nos débats se tiennent *in camera*, à huis clos. À leur seule voix, je reconnais beaucoup d'entre eux sans les connaître et le ballet des écouteurs est extrêmement instructif.

Peu d'élus les saisissent lorsqu'un orateur s'exprime en anglais, *lingua franca* de l'Europe comme du monde. Un orateur s'exprime en français et, là, oui, bien des écouteurs passent des tables aux oreilles mais en beaucoup moins grand nombre que je ne l'aurais imaginé avant d'entrer au Parlement. Qu'un élu s'exprime maintenant en allemand, espagnol, italien ou toute autre langue, et tous ceux dont ce n'est pas la langue maternelle attrapent leur casque.

Depuis que les Scandinaves, les Néerlandais et l'Europe centrale ont totalement abandonné l'allemand au profit de l'anglais, c'est le français qui est devenu la deuxième langue étrangère de beaucoup d'Européens car il reste, à leurs yeux, la langue de la culture, notamment choisie par beaucoup de femmes qui pèsent toujours plus au Parlement.

En français comme en anglais, l'accord avec le Vietnam était donc l'une des grandes fiertés d'INTA. « C'est fait. Il ne reste plus qu'à ratifier », nous avaient dit ses membres, mais c'est alors que nous apprenons en DROI, la sous-commission des droits de l'homme, que le régime vietnamien vient de faire arrêter des opposants coupables de délit d'expression caractérisé. Avant même l'entrée en vigueur de cet accord, ce régime en violait les clauses sur les droits de l'homme, violait sa propre signature et nous faisait un tel bras d'honneur que nous sommes plusieurs à dire qu'il ne saurait plus être question de ratifier ce texte.

« Ce serait tomber dans le piège tendu par l'aile dure du régime vietnamien, répliquent aussitôt nos collègues d'INTA. Ce serait l'erreur à ne pas commettre. » Oh, purée, que je connaissais cela ! Cela me rappelait tellement ce qu'on entendait à l'époque où tant de crânes d'œuf expérimentés nous expliquaient, à nous les défenseurs des dissidents, qu'il ne fallait rien faire qui puisse fâcher leurs persécuteurs à Bucarest ou Moscou. « Mais que voulez-vous dire ? » ai-je demandé d'une voix crispée. Eh bien voilà : les négociateurs vietnamiens avaient fait comprendre aux négociateurs d'INTA que les clauses sur les droits de l'homme déplaisaient à tout un courant de la direction vietnamienne qui voulait donc torpiller l'accord en organisant cette provocation.

Et si nous ratifiions ? Les libéraux vietnamiens, avait-on assuré aux membres d'INTA, l'emporteraient à Hanoï, les conservateurs y seraient mis en minorité, les clauses sur les droits de l'homme y seraient respectées et les opposants libérés. De peur d'être trop blessant en ouvrant la bouche, je me suis contenté de lever les yeux au ciel et, mal à l'aise, l'une de mes collègues d'INTA a ajouté : « Bernard, c'est notre premier mandat, mais les autres travaillent là-dessus depuis si longtemps et y tiennent aujourd'hui tant qu'ils veulent croire à ce que les Vietnamiens leur racontent. — Et toi ? Tu y crois ? » Elle n'en croyait rien, bien sûr, pas un mot car elle est bien trop honnête et intelligente pour cela, mais les vétérans de sa commission lui avaient aussi dit que, faute de cet accord avec les Européens, les Vietnamiens se tourneraient vers la Chine et qu'il fallait l'éviter à tout prix.

L'argument faisait mouche dans tous les groupes. La crainte que nous ne puissions offrir le Vietnam aux Chinois devint même si forte que le Parlement a ratifié cet accord. Le Parlement a refusé ma proposition de suspendre la ratification jusqu'à la libération des opposants. Délibérément ou stupidement selon les cas, sa majorité a oublié que l'hostilité historique entre Vietnamiens et Chinois rendait bien peu crédible l'hypothèse de leur rapprochement et que Hanoï allait forcément conclure de notre faiblesse que non, l'État de droit n'était pas notre préoccupation majeure.

Je n'ai pas admis que la représentation européenne puisse faire preuve d'autant de légèreté. Je ne l'ai pas supporté car, en matière de libertés, l'Union ne devrait jamais avoir l'hypocrisie de faire le contraire de ce qu'elle dit. Si nous ne sommes pas en position de les faire respecter partout et toujours, peut-être devrions-nous renoncer à systématiquement inclure des clauses sur les droits de l'Homme dans nos accords commerciaux puisqu'il vaut mieux prendre en compte la réalité des rapports de force que finir par nous y plier en cachette et qu'on doit parfois, c'est vrai, commercer avec des buveurs de sang. Ça ne me réjouirait pas, pas du tout, mais serait-ce scandaleux ou insensé ? Je ne le crois pas mais dès lors, en revanche, que nous exigeons des engagements de nos partenaires commerciaux sur le respect des libertés, nous ne pouvons pas nous asseoir sur ces clauses sans laisser croire aux dictateurs et à leurs victimes que nous nous moquerions en fait des principes et valeurs dont nous nous réclamons.

Je suis trop attaché au libéralisme, au vrai, à celui des Lumières et non pas à celui de Margaret Thatcher, pour admettre une telle moquerie mais j'ai compris à cette occasion que le Parlement pouvait parfois souffrir de ce que j'ai appelé, dans un papier, le « syndrome de la rivière Kwaï ».

Dans *Le Pont de la rivière Kwaï*, le film de David Lean, des soldats britanniques prisonniers des Japonais finissent par se sentir si fiers du pont qu'on les oblige à construire qu'ils s'opposent au commando américain venu détruire leur œuvre. Face aux Vietnamiens, mes collègues d'INTA et la plénière qui a ratifié cet accord me faisaient penser à ces prisonniers britanniques pour lesquels la satisfaction du travail accompli en vient à passer avant des impératifs stratégiques mais il y eut, entretemps, un troisième épisode qui m'avait encore plus stupéfié.

Grâce à l'attribution du prix Sakharov à Ilham Tohti, le travail forcé imposé aux Ouïghours était déjà partout dénoncé quand la Chine et la Commission européenne parviennent à conclure un accord sur les investissements dont les entreprises de l'Union attendaient depuis longtemps d'indispensables garanties industrielles, financières et administratives. Il y avait d'autant plus lieu de s'en réjouir que la Commission avait obtenu des Chinois qu'ils s'engagent, dans ce projet, à signer les conventions du Bureau international du travail prohibant le travail forcé.

Les Chinois l'avaient dit. Ils avaient écrit que telle était leur intention et cela nous donnait, à nous le Parlement, la possibilité de les prendre au mot en leur disant que nous ratifierions cet accord aussitôt qu'ils auraient ratifié les conventions du BIT mais pas avant qu'ils ne l'aient fait. Le régime chinois n'aurait rien bloqué pour autant. Il n'aurait fait qu'oublier de respecter les engagements qu'il aurait signés mais cela aurait permis aux Ouïghours de brandir ces textes comme les dissidents de l'Est avaient brandi les accords d'Helsinki ou les grévistes polonais les conventions sur les libertés syndicales. À mes yeux, la cause était entendue, c'était plié, facile, cela tombait sous le sens, mais beaucoup de mes collègues allemands de la Commission des affaires étrangères étaient nettement moins allants que moi et ceux d'INTA… Syndrome de la rivière Kwaï.

Comme le Conseil, les uns pensaient à ne pas mettre en danger les exportations de leurs industries nationales vers la Chine et à protéger leurs investissements. Les autres craignaient de voir s'évanouir le fruit de longs efforts déployés pour le bien commun des industries européennes tandis que je criais, moi, à la cécité, voire à une imbécillité politique qui nous faisait passer à côté d'une rare occasion de nous montrer fidèles à nos valeurs sans menacer des intérêts industriels dont je ne sous-estimais pas l'importance. Inquiet de mes agissements, un ministre français exerçait d'incessantes pressions sur mes collègues de la délégation française de Renew et, en particulier, sur ceux d'entre eux qui siègent à INTA. Je harcelais en retour tous les proches d'Emmanuel Macron, Emmanuel Bonne, son conseiller diplomatique, Clément Beaune, bien sûr, et le Président lui-même. À Paris comme à Bruxelles, je sonnais à toutes les portes et interpellais chacun car je ne pouvais pas croire que nous puissions faire preuve d'un tel aveuglement et puis… Le sort des armes est imprévisible.

Ravi, Stéphane Séjourné, conseiller politique du président de la République, chef de file de notre délégation et futur président du groupe Renew, revient un jour de Paris porteur d'une nouvelle que je n'attendais plus : « Tu sais ce que le Président m'a dit hier ? Finalement, m'a-t-il dit, c'est Bernard qui avait raison… » En Stéphane, j'avais gagné un allié de poids, un homme qui est écouté au Parlement comme la voix de l'Élysée, et là-dessus, avec un art consommé de se tirer dans le pied, les Chinois prennent des sanctions contre des députés des principaux groupes politiques et contre tous les membres de la sous-commission des droits de l'homme dont j'étais entretemps devenu premier vice-président.

Plus personne ne voulait entendre parler de cet accord avant que les Chinois n'aient levé leurs sanctions et ratifié les conventions du BIT mais, sans Emmanuel Macron et sans M. Xi, sans la lucidité de l'un et l'hubris de l'autre, la rivière Kwaï l'aurait emporté.

Incidents de parcours ? Simples dérapages, inévitables mais secondaires ? D'une certaine manière, oui, on pourrait le dire, mais le problème est que les inconséquences du Parlement, petites ou grandes, ont une cause commune. Coups de chaud contre la répartition des grands postes et les retombées budgétaires de l'emprunt commun, cécité politique lors des débats sur les accords avec le Vietnam et la Chine, toutes sont à mettre au compte de l'inexistence d'un nouvel échiquier européen.

Usées jusqu'à la corde, nos grandes forces politiques datent toutes du XIXe siècle, de la révolution industrielle et de la naissance du mouvement ouvrier, quand elles ne remontent pas – c'est en fait le cas – aux Lumières et aux premières contestations des monarchies absolues. Social-démocratie et démocratie chrétienne, ces grandes forces et leurs diverses branches ont façonné nos pays. Tous nos pays et l'Union leur doivent d'avoir fait de cette partie de l'Europe le bastion des libertés et de la protection sociale, non pas une perfection mais ce qu'il existe de mieux sur les cinq continents. Nous leur devons beaucoup mais cette gauche et cette droite d'hier sont aujourd'hui dépassées.

Cela ne signifie pas qu'il n'y aura plus, demain, de parti de l'ordre et de parti du mouvement, de conservateurs et de progressistes, une droite et une gauche du XXIe siècle, mais leurs frontières et leurs définitions auront évolué en s'inscrivant dans la réalité de temps nouveaux, comme elles l'ont d'ailleurs toujours fait. Nous avons aujourd'hui à inventer (et le reste du monde avec nous) les forces politiques à même de répondre à une spectaculaire addition de nouveaux défis puisque nous faisons face, en même temps, à un nouvel équilibre entre métiers manuels et intellectuels ; à une urbanisation désertifiant les campagnes ; à l'apparition de nouvelles branches industrielles et de nouveaux secteurs économiques ; à une spectaculaire évolution des mœurs et à ses incertitudes ; au retour de la guerre en Europe et à la renaissance ou l'affirmation de nouvelles puissances – aux conséquences, en un mot, de la révolution numérique et de la fin d'un demi-siècle de guerre froide, de l'absolue primauté des États-Unis et de toutes les idées, vraies ou fausses, qui avaient dominé le monde depuis la défaite nazie.

À défaut de nouvelles forces politiques adaptées à ce nouveau siècle, le Parlement manque d'abords clairs et structurés des nouvelles réalités auxquelles l'Union doit faire face. On y ressent trop souvent un conformisme du moment et un manque de vision à long terme qu'une exceptionnelle concentration de vraies intelligences ne peut pas compenser, et c'est ce vide qui laisse place aux réactions épidermiques de ce cénacle ; à l'importance prise par ses équilibres internes ; aux jeux dépassés de tant de députés plus attachés aux intérêts de leurs mini-partis nationaux qu'à ceux de l'Union et à cette permanente compétition avec le Conseil et la Commission.

Sauf dans les universités américaines, les start-ups et la jeunesse du nord de l'Union, il n'y a nulle part ailleurs qu'au Parlement européen autant de gens qui se fassent obligation de remplacer les bouteilles en plastique par des gourdes de couleur, d'exiger des emballages en verre consignés et d'autant se soucier de prévenir tout comportement « inapproprié ». Il n'y a rien d'injustifié dans cet air du temps mais, outre qu'il peut faire parfois sourire ou même agacer, il est difficile de ne pas y voir le signe d'un manque de priorités claires. Nous marchons à tâtons, nous inventons en marchant. Nous le faisons généralement mieux qu'aux seuls niveaux nationaux car on pense mieux à plusieurs pays que dans un seul mais les États gardent sur nous, les eurodéputés, un avantage fondamental.

Ce n'est pas seulement qu'ils aient l'argent et plus de pouvoirs que nous puisque ce sont eux qui décident des grandes lignes et lèvent l'impôt. Ce n'est bien évidemment pas que la réinvention des forces politiques soit plus avancée dans les vingt-sept capitales qu'elle ne l'est au Parlement où la constante obligation des compromis a fait déjà plus bouger les lignes que dans la plupart des Parlements nationaux. Non, l'avantage des États membres sur la Chambre de l'Union est qu'ils ont une Histoire longue, des appareils et des constructions sociales, des alliances de classes, d'intérêts et de corps professionnels que le Parlement est très loin d'avoir.

Parce que nous sommes nouveaux, nous sommes plus mobiles et plus sensibles aux nouvelles exigences sociales que ne le sont les États. C'est notre atout à nous, le Parlement. Parce que les États sont anciens, leur conservatisme de vieilles institutions, leur expérience et la sagesse qui en découle viennent faire contrepoids aux incertitudes de temps où les cartes se rebattent chaque matin. C'est leur avantage car, face à la Chambre de l'Union, la Chambre des États joue le rôle qui est, partout ailleurs, celui des chambres hautes (indirectement élues par les régions ou les composantes d'une fédération) vis-à-vis des chambres basses (directement élues par l'ensemble des citoyens). La Chambre des États est ainsi plus conservatrice que celle de l'Union. L'une freine quand l'autre voudrait constamment accélérer et, dans ce moment de l'Histoire auquel l'unité européenne est confrontée, la force du Conseil est devenue, à mes yeux, un indispensable stabilisateur car les Européens, nos concitoyens, ressentent un profond besoin d'État.

Face au recul des services publics induit par quatre décennies de thatchérisme, ils veulent plus de puissance publique et de protection. Face au retour de la guerre et à l'évidence désormais indiscutable des dangers courus par notre planète, face aussi – c'est un fait – aux angoisses identitaires et sociales nées de l'ampleur des vagues migratoires, les Européens ne veulent pas moins mais plus d'État. Ce n'est donc pas le moment de réduire ou même de relativiser le poids des chefs d'État ou de gouvernement en mettant le Parlement à égalité de pouvoirs avec le Conseil. Beaucoup d'eurodéputés le souhaiteraient et y poussent. Le fédéralisme ne cesse de s'affirmer au sein du Parlement pour la simple et bonne raison qu'il est la plus fédérale des institutions européennes. Il n'y a rien d'étonnant à cela. C'est même logique et sain mais, tant que l'Union ne sera pas allée plus loin dans la réalisation de projets paneuropéens pavant la voie d'institutions fédérales en en démontrant la nécessité, les 450 millions d'Européens préféreront leurs États à un futur indéfini.

Comme me l'avait fait comprendre le malpoli de Vilnius, dans tous les domaines et pour chacun, un tiens vaut mieux que deux tu l'auras mais ce qui est aujourd'hui vrai ne le sera certainement et heureusement pas pour toujours. Un jour viendra où ce rapport de force devra s'infléchir afin que s'instaure dans l'Union une démocratie plus vivante et perceptible car directe et que nous marchions d'un pas plus vif vers les États-Unis d'Europe. Un jour viendra où il faudra que la Chambre de l'Union devienne aussi décisionnelle que celle des États mais aussi longtemps que n'aura pas abouti la quête d'un nouvel échiquier politique sur lequel asseoir un régime parlementaire ou semi-présidentiel permettant de faire de l'Union un État fédéral, nous devrons continuer à plus nous appuyer sur la force éprouvée des États existants que sur la volatilité de nouvelles institutions restant à enraciner. On peut le regretter. Le fédéraliste que je suis regrette que nous ayons devant nous des décisions trop fondamentales pour relever d'une institution encore trop jeune pour être pleinement reconnue, mais cela signifie-t-il que le Parlement n'aurait rien d'autre à faire que profil bas dans les années à venir ?

Pas du tout. Je suis au contraire convaincu que le Parlement peut et doit maintenant jouer un rôle essentiel mais un constat d'abord. À la fin de l'année 2022, le nombre d'Européens souhaitant que leur pays se retire de l'Union était partout en baisse. Ce recul était de 15,4 % en Finlande, de 10,7 % en Slovénie, de 9,5 % aux Pays-Bas ou encore de 8,3 % en France. Sans qu'aucun des États membres ne fasse non plus exception, le pourcentage d'Européens se disant attachés à l'appartenance à l'Union avait parallèlement augmenté, souvent si spectaculairement que 72 % des citoyens des Vingt-Sept, près des trois quarts d'entre eux, considèrent aujourd'hui que leur unité est une bonne ou très bonne chose.

Parce que ses avantages et sa nécessité se sont avérés face à la pandémie puis au retour de la guerre en Europe, l'Union est devenue si majoritairement populaire que 60 % des Britanniques regrettent aujourd'hui d'en être sortis. L'Union n'est pas aimée comme peuvent l'être des stars du foot ou de l'écran. Le mariage est moins d'amour que de raison mais l'évolution des États ayant précédé celle de l'opinion, jamais la situation n'aura été aussi favorable à l'approfondissement de l'unité européenne. Après le Marché commun et la monnaie unique, l'Union entre bel et bien dans le troisième moment de son histoire, celui de la construction d'une union politique qui s'affirme désormais dans le front commun des Européens face à Vladimir Poutine et leurs livraisons d'armes à l'Ukraine. L'Union n'est déjà plus ce qu'elle était encore avant la guerre, le Covid et Trump mais comment transformer l'essai ?

La première chose à faire est d'ouvrir les yeux. Il n'y a pas que les sondages. Il n'y a pas non plus que la stupéfiante convergence des députés européens sur la question ukrainienne. Il y a aussi l'Allemagne qui décide de consacrer 100 milliards d'euros à ses armées après quelque huit décennies de refus de toute puissance militaire et dont le chancelier a pris conscience de ce qu'il qualifie de « changement d'ère ». Il y a aussi que c'est la France qui aura précipité l'octroi du statut de pays candidat à l'Ukraine puis les livraisons de tanks et que c'est la Grande-Bretagne, tout esseulée qu'elle soit, qui aura été la plus rapide à comprendre que oui, Poutine allait le faire et à massivement s'engager aux côtés des Ukrainiens.

On ne le voit pas mais la Grande-Bretagne est déjà revenue sur le continent qu'elle venait de quitter. Contre elle-même, contre ce qu'elle pense, dit et fait, la Grande-Bretagne s'est aujourd'hui placée à l'avant-garde de cette unité politique de l'Europe dont la seule perspective l'avait fait fuir hier et les trois premières puissances européennes sont désormais à l'unisson. L'Allemagne et la Grande-Bretagne, le pays qui ne voulait plus d'armée et le royaume qui ne voulait plus de l'Union, ont aujourd'hui rejoint la France – les faits sont là – sur l'impérieux besoin d'une affirmation de l'Europe et les autres États membres, tous à l'exception de la Hongrie de M. Orbán, suivent comme un seul homme.

Alors l'important n'est pas que les uns (France, Allemagne, Italie) pensent déjà à la stabilisation du continent pendant que d'autres, plus à l'Est, rêvent que la Fédération de Russie se défasse. L'important n'est pas qu'il y ait des différences entre les Vingt-Sept, bien moins grandes d'ailleurs que celles qui divisaient les Alliés durant la Seconde Guerre mondiale. L'important n'est pas que les Britanniques soient lièvre et les Allemands tortue. Non, le fait capital est que là, sous nos yeux, sur le champ de bataille, l'Europe politique a formé ses rangs mais reste à rendre ce changement irréversible.

On n'y parviendra pas en voulant tenter à nouveau une réforme institutionnelle. Forcément complexes, les propositions de compromis auxquelles cela mènerait seraient d'autant plus incomprises que les Européens ne maîtrisent pas les institutions actuelles. Sauf miracle, on irait vers de nouveaux « non » dans beaucoup de pays et s'ensuivrait, comme après le rejet du projet de traité constitutionnel, un long sommeil dont l'Union, face à la guerre, ne peut plus s'autoriser le luxe. Alors qu'on se bat au cœur du continent, l'heure n'est pas aux débats sur les mérites comparés des fédéralismes helvétique, allemand ou américain. Elle est, bien au contraire, aux réalisations concrètes, si véhémentement exigées par le malpoli de Vilnius, attendues par les 450 autres millions d'Européens et scellant de nouveaux liens et de nouvelles solidarités entre les États membres. Ce sont ces réalisations qui donneront naissance aux institutions à venir et non pas l'inverse et c'est par les élections européennes qu'il faut commencer.

Les prochaines auront lieu en 2024 et l'on peut et devrait en faire une première ébauche d'élections fédérales qui porteraient alors l'Europe politique sur les fonts baptismaux. On le peut car imaginons un instant qu'une ou plusieurs des forces politiques en lice impulsent la formulation de programmes paneuropéens définissant des projets prioritaires qui seraient ainsi défendus dans un grand nombre des États membres ou même tous. La campagne électorale créerait les conditions d'un débat politique auquel les citoyens de tous les États membres participeraient dans une unité de temps et de lieu. Ce serait une première mais ce n'est pas tout. Ces élections esquisseraient aussi des coalitions d'idées dépassant des clivages devenus caducs. Elles contribueraient par là même à la redéfinition des partis et de l'échiquier politiques mais y arrivera-t-on pour 2024 ?

Ce n'est pas impossible. C'est loin d'être certain mais ce n'est pas injouable et, quoi qu'il en soit, pour 2024 ou 2029, c'est dans cette direction qu'il faut aller, sans nous perdre et perdre notre temps à de vains débats institutionnels. Alors oui, imaginons qu'une force politique au moins avance sur ce chemin dès les prochaines européennes et propose sept priorités – sept parce que ce chiffre est ambitieux sans être démesuré et qu'on ne peut pas être crédible en promettant de mener à bien les douze travaux d'Hercule.

Imaginons qu'une de ces priorités soit la mise en commun, sous commandement et drapeau communs, de tous nos moyens de lutte contre les catastrophes naturelles afin que ce soit l'Union que l'on voie lutter contre les inondations, les incendies de forêts ou les tremblements de terre. Imaginons qu'une deuxième priorité soit la création d'industries européennes d'armement dont le financement pourrait être garanti par des engagements d'achat des États membres.

Imaginons qu'une troisième porte sur l'ouverture de campus paneuropéens d'excellence et la quatrième sur la mise en place d'un cyber gendarme européen réunissant les meilleurs spécialistes de toute l'Union. Imaginons qu'une cinquième priorité tende à l'élaboration d'un « Pacte bleu » de protection des océans que l'Union puisse défendre dans l'arène internationale et faire un jour adopter.

Imaginons que la sixième appelle à une politique d'investissements communs dans des filières d'avenir et le traitement du cancer et que la septième soit de promouvoir nos industries par la création d'un label *Made in Europe* et d'un *Buy European Act* donnant la priorité aux productions européennes dans les commandes publiques comme le fait le *Buy American Act*.

Ces priorités seraient d'autant moins difficiles à mettre en œuvre que le Parlement et la Commission ont déjà ouvert la voie à la plupart d'entre elles mais imaginons, surtout, qu'il n'y ait là que de premières idées à jeter dans un brainstorming. Imaginons que cette liste ne fasse qu'ouvrir une réflexion, qu'elle puisse et doive être modifiée par d'autres propositions plus urgentes, plus populaires ou plus acceptables par des forces d'autres pays. Imaginons encore, belles et nécessaires ambitions, que nous proposions la création d'un service civil européen et l'introduction d'un plafonnement des dépenses électorales dans tous les pays de l'Union afin de lutter contre le poids de l'argent en politique.

Après une telle transformation des élections européennes en forum politique paneuropéen, le Parlement pourrait occuper la première place en Europe car c'est dans ses murs que se jouerait l'essentiel. Disposant d'une majorité élue sur des projets prioritaires, il pourrait consacrer toute son intelligence et toute son énergie, toutes ses si réelles qualités, à des batailles politiques annoncées, claires et comprises. Parce qu'il aurait ainsi à prendre l'opinion à témoin et à user de tous ses pouvoirs de pression, le Parlement façonnerait par ses combats une opinion européenne et serait alors perçu comme un instrument de renouvellement politique et de progrès fondamentaux. Au bout du compte, la Chambre de l'Union s'affirmerait en institution tellement incontournable qu'elle s'imposerait vite, politiquement d'abord et institutionnellement ensuite, dans les esprits puis dans les textes, en égale de celle des États et que l'union politique deviendrait un objectif évident pour un nombre toujours croissant de citoyens européens.

Alors ? Cinq ans de prudente patience institutionnelle ? Une mandature ou bien trois, six ou sept ? Je ne sais pas. On verra mais, pendant mes réunions de commission, de groupe politique, de groupe de travail, de délégation, je ne cesse d'en rêver, avec la conviction qu'on y arrivera en quatre mandats ou même trois, quinze années durant lesquelles le changement institutionnel s'opérera dans les faits et se définira dans la pratique, avant même d'entrer dans de nouveaux traités.

Oui, disons quinze ans puisque le moment où nous aurons pu stabiliser le continent et ses marches, où nous nous serons affirmés en puissance égale à la Chine et aux États-Unis et aurons recréé une stabilité internationale sur l'équilibre de ces trois mondes n'est pas forcément si lointain. Quant au nouvel échiquier politique, il émerge des décombres de l'ancien car au-delà du fractionnement des vieux partis et de bulles aussi vite dégonflées que soudainement apparues, on voit se mettre en place, en pointillé, deux grands camps.

D'un côté, les partisans d'une unité politique de l'Europe, d'une défense volontariste de notre environnement, d'une totale égalité entre les sexes et d'un point d'équilibre entre marché libre et protection sociale forment, de fait, une mouvance allant d'une partie des nouvelles gauches au centre droit. C'est le parti du mouvement. C'est la gauche ou les progressistes de demain, « les libéraux » dirait-on aux États-Unis où *liberal* signifie partisan des libertés et donc de gauche. Quant à la future droite, elle fait toujours plus converger les conservateurs les plus traditionalistes, les droites les plus dures, les extrêmes droites en quête d'une trompeuse respectabilité et tous ceux qui ne se réclament de l'« identité chrétienne » que pour rejeter toute immigration extra-européenne et musulmane, en un mot.

Si inquiétantes soient-elles, ces nouvelles droites n'accoucheront pas d'un nouveau nazisme. Elles ne constitueront, et c'est bien assez, qu'une nouvelle extrême droite liberticide, manipulatrice et inquiétante face à laquelle le camp du mouvement, les libéraux, les progressistes de demain, doit prendre garde à ne pas alimenter les nationalismes en affirmant trop vite un fédéralisme européen ; à ne pas se laisser enfermer dans des batailles culturelles trop avant-gardistes ; à ne pas abandonner la nation aux droites les plus extrêmes et, avant tout, à ne plus laisser aux partis de l'ordre la possibilité de se prétendre seuls défenseurs des plus pauvres, de la sécurité et de la valeur travail.

Avec toutes les différences entre les deux rives de l'Atlantique, on retrouve là le paysage politique américain, l'extrême diversité du Parti démocrate et le Parti républicain tel que Donald Trump aura tenté de le reconfigurer. Il n'y a pas forcément lieu de s'en réjouir mais c'est ce vers quoi nous allons. C'est sur ce nouveau bipartisme tempéré, à l'européenne, par des groupes charnières, que pourra s'institutionnaliser l'Union politique.

C'est d'ores et déjà ce qu'auront préfiguré Emmanuel Macron en France ; la coalition allemande entre libéraux, sociaux-démocrates et Verts ; les deux fusions italiennes, aussi, entre anciens communistes et démocrates-chrétiens d'un côté et, de l'autre, entre les trois droites, anciens fascistes compris. C'est aussi ce qui est déjà la réalité du Parlement européen où le PPE, les sociaux-démocrates et les centristes affirment une convergence qui s'élargit la plupart du temps aux Verts et parfois aux nouvelles gauches mais jamais à Identité et Démocratie, le groupe dont les piliers sont la Lega italienne et le Rassemblement national français.

Entre socialistes, démocrates-chrétiens et centristes, tout n'est pas toujours facile. Entre ces trois forces, il reste de profondes différences culturelles mais, comme la droite française, le PPE finira par se fractionner entre centre droit et droites dures. Il l'a déjà fait en excluant de ses rangs les partisans de Viktor

Orbán et, l'un dans l'autre, au bout du compte, ce sera la descendance des Lumières face à celle de l'absolutisme, face aux nostalgiques d'une autorité supérieure, soumise à élection mais appuyée sur un parti dominant, une Justice contrôlée, un nationalisme xénophobe et une presse aux ordres.

Comme le communisme, ce camp-là s'est inventé en Russie. Poutine en avait tracé les contours dès le début du siècle, lorsqu'il a succédé à Boris Eltsine, et il n'y a rien de surprenant à ce que Mme Le Pen et MM. Trump, Salvini, Orbán et tant d'autres de moindre importance aient pu trouver appuis ou fonds ou les deux au Kremlin.

4

L'« Adresse au peuple russe »

Mon rapport sur la Russie était prêt. Je l'avais écrit d'une traite, dès mon retour de la côte baltique, comme un long reportage d'idées, genre que j'affectionne mais qui n'a rien de traditionnel au Parlement européen ni dans aucun Parlement d'ailleurs. Il n'y avait pas de considérants. Il n'y avait pas de rappels des rapports précédant le mien. Ce n'était pas écrit en bruxellois mais en français et, même traduit en anglais, cela restait si vécu et entendu, si personnel, que le lecteur n'était pas requis de s'endormir aux premières lignes.

« Ils n'en voudront jamais », m'avait immédiatement dit Mélanie. Je ne l'avais pas crue. Je n'avais pas même prêté attention à ce qu'elle me disait mais lorsque j'ai passé ce rapport à la coordinatrice de politique étrangère de Renew, Hilde Vautmans, celle-là même qui m'avait mis en garde contre la difficulté à parler de la Russie sans que tout le monde devienne fou, elle a tourné et retourné ce texte comme s'il était tombé d'une autre planète ou sentait le soufre et ne m'en a plus parlé pendant si longtemps que j'ai commencé à voir le ciel s'assombrir. Nous nous sommes finalement revus. Elle ne savait pas comment me dire que ça allait tanguer et lorsque, plusieurs mois après, mon rapport a finalement été mis à l'ordre du jour du groupe de travail Politique étrangère de Renew, le *working group B*, j'ai fait face à un front du refus. C'était « non ». C'était non, non et non car mes collègues d'Europe centrale avaient lu ce qu'ils avaient craint de lire depuis le début puisque c'était écrit par un Français et qu'un Français, question de manie nationale sans doute, ne pouvait qu'appeler à une entente avec Vladimir Poutine et au respect d'une zone d'influence de la Russie dans les frontières de son ancien Empire.

Plus je disais que, s'ils m'avaient lu, ils m'avaient bien mal lu car je n'avais rien écrit de tel, plus la tension montait. Mes contradicteurs étaient visiblement fâchés que je me refuse à assumer les idées qu'ils me prêtaient tellement à tort. J'étais choqué de me faire ainsi traiter en adversaire à contrer et quand un élu lituanien m'a dit qu'il ne pouvait pas même envisager de présenter d'amendements à mon rapport parce qu'il le rejetait en bloc, j'ai compris que la messe était dite. Mon texte allait être refusé. Personne ne l'avait défendu ou n'avait même tenté de nuancer les accusations portées contre moi. Le regard de Hilde me disait gentiment qu'elle me l'avait bien dit et, plutôt sonné, j'ai décidé d'aller voir, en tête à tête, chacun des membres de ce groupe B.

Portes closes, certains m'ont dit qu'ils partageaient mon point de vue mais que je n'aurais pas dû l'exprimer aussi nettement car on ne sortait de l'ambiguïté qu'à son détriment. D'autres m'ont dit regretter la manière dont j'avais été traité mais ont ajouté, dans le même souffle, que toute ma vie de défenseur des dissidents, de Solidarité et de la liberté aurait dû m'interdire de soutenir la volonté de Macron de s'entendre avec Poutine sur le dos de l'Ukraine. C'était reparti ! Il me fallait encore argumenter contre ce faux procès tout en maudissant en moi-même les maladresses qui l'avaient instruit. Les bras m'en tombaient et d'autres encore m'ont fait comprendre qu'on ne pouvait pas confondre le journalisme et la politique car l'un était affaire d'opinion et l'autre de consensus. Bref, la messe était vraiment dite et j'ai finalement dû accepter, proposition de Hilde, que les conseillers de politique étrangère de Renew soient chargés d'une tentative de synthèse.

Je les connaissais, bien sûr. La situation n'avait pour eux rien d'inhabituel puisque leur travail consiste précisément à trouver les bases et convergences sur lesquelles fonder les positions communes de chacun des groupes. Ils avaient, pour leur part, très bien compris ce que j'avais écrit car leur expertise est remarquable et je leur ai dit que je ne pourrais souscrire à leur synthèse et l'accepter comme mienne qu'à trois conditions. Il fallait qu'il soit clair que Poutine n'était pas plus fort mais plus faible car il perdait pied sur sa scène intérieure, qu'il n'en était que plus dangereux dans l'immédiat et qu'il fallait donc s'adresser directement au peuple russe pour lui proposer ce que la géographie imposait et la communauté de cultures permettait : un partenariat visant à assurer la stabilité et la prospérité de notre continent commun.

Dans la langue infiniment plus neutre d'une habituelle plate-forme commune, tout cela s'est retrouvé dans le texte des conseillers qui pour n'être pas le mien exprimait ce qui me semblait essentiel. Du temps a passé et le jour où ce rapport que j'avais inspiré mais pas rédigé a finalement été présenté à l'ensemble du groupe Renew, j'ai été tout simplement ovationné. J'étais soudainement applaudi à tout rompre sans que mes collègues semblent se rendre compte que, forme et style à part, ils adhéraient dans l'enthousiasme à ce que le groupe de travail avait rejeté avec indignation. L'un de mes collègues roumains est allé jusqu'à dire qu'il regrettait de m'avoir tellement mal compris. Ce rapport était finalement accepté et, ce soir-là, j'ai dû me faire à l'idée qu'on ne pouvait effectivement pas écrire un rapport parlementaire comme un éditorial ou un essai, qu'il fallait s'assurer au préalable d'un maximum de soutiens, faire au minimum semblant d'exprimer une convergence d'approches et toujours remercier et féliciter ses collègues de leurs apports à un travail qui ne pouvait qu'avoir été collectif. Le temps que le Parlement passe en remerciements émus et félicitations appuyées aux uns et à tous est difficile à estimer mais on gagnerait une bonne heure par jour à simplement interdire ces sucreries inutiles et le plus souvent hypocrites.

Tout s'apprend mais était-ce bien ce que j'avais envie d'apprendre ?

Clairement non, certainement pas car je n'aspirais pas à tricoter des compromis sans relief mais à faire bouger les choses et ne souhaitais devenir un homme politique que dans la seule catégorie qui m'aille, celle des « emmerdeurs » si chers à Rocard. Alors j'ai pris mon rapport, le vrai, celui que j'avais écrit, celui qui comprenait mon « Adresse au peuple russe », et je suis allé voir ce député du PPE dont j'allais devenir si proche, Andrius Kubilius, rapporteur Russie du Parlement. « J'aimerais, lui ai-je dit, que vous lisiez ce que mon groupe m'a refusé et que nous puissions en parler. »

Il a lu. À trois virgules près, nous étions d'accord sur tout et, d'abord, sur la possibilité et, plus encore, la nécessité que la Russie post-poutinienne puisse un jour évoluer vers la démocratie. D'une forme autrement plus classique que celle de mon reportage et bien qu'il développât exactement les mêmes thèmes que le mien, son rapport a été accepté par le Parlement sans l'ombre d'une difficulté. Parce qu'il n'est pas français mais lituanien, Kubilius avait même pu faire entériner cette idée d'« Adresse au peuple russe » qui avait tant horrifié mon groupe B et c'est donc en pleine concordance avec le vote exprimé par l'écrasante majorité des députés européens que Kubilius, Cimoszewicz et moi-même, rapporteurs Russie des trois principaux groupes politiques du Parlement, le PPE, les sociaux-démocrates et Renew, avons publié début décembre dans tant de journaux du continent ce texte qui commençait par les mots suivants :

« Chers voisins européens,

Chers citoyens de la Fédération de Russie,

Chers Amis,

Rêvons, oui rêvons ensemble. »

C'était deux mois et demi avant que M. Poutine n'entreprenne de réintégrer l'Ukraine à l'Empire perdu des tsars et ce texte que j'avais écrit en février 2021 s'adressait en ces termes au peuple russe :

« Trente ans après l'éclatement de l'Union soviétique, trente-deux ans après les révolutions d'Europe centrale, à l'heure aussi où vos libertés ne cessent hélas plus de régresser, rêvons du jour où votre Fédération et notre Union trouveront les voies d'une entente et d'une coopération si nécessaires à l'Europe et au monde.

Rêvons du jour où il n'y aura plus place entre nous pour la défiance et la peur, où plus aucun mur ne pourra venir remplacer celui de la guerre froide, où plus aucun des pays sortis de l'orbite soviétique n'aura à craindre une nostalgie impériale de la Russie, où plus aucun Russe ne pourra croire que la force d'attraction de l'Union européenne menacerait votre pays en rapprochant l'Alliance atlantique de vos frontières.

Rêvons du jour où la fin de l'affrontement Est-Ouest ne sera plus vue par quiconque comme une victoire ou une défaite mais comme la possibilité de temps nouveaux, le début d'une nouvelle ère de démocratie et de prospérité continentales, aussi prometteuse pour nous tous que celle qu'avaient été, pour nous, les premiers pas de l'Union.

Rêvons du jour où nous pourrons additionner nos richesses intellectuelles, naturelles et scientifiques pour affirmer l'Europe, sa culture et sa civilisation, contribuer au développement et à la démocratie de tout notre continent et, par là même, des autres rives de la Méditerranée afin de constituer un jour cet ensemble, Europe, Afrique et Proche-Orient, que Rome avait esquissé et dont aucune vicissitude de l'Histoire n'avait jamais effacé l'ébauche.

Oui, rêvons du moment où les ponts enjamberont les murs oubliés, rêvons-en car il n'y a rien là d'impossible.

De Saint-Pétersbourg à Lisbonne, de Paris et Moscou à Vilnius, Berlin ou Varsovie, nos classes moyennes et nos jeunesses partagent les mêmes modes de vie, les mêmes goûts et la même soif de liberté. Toutes générations et tous milieux confondus, ce n'est pas vers l'Asie que se tournent vos regards mais vers cette partie de notre continent commun que l'Union a tant enrichi en l'unissant.

Européens, nous le sommes tous car, pour le meilleur ou pour le pire, de la conversion de Vladimir à l'invention des camps et de la terreur de masse si scrupuleusement documentés par Mémorial, de l'abomination que fut le pacte Molotov-Ribbentrop au premier coup d'arrêt donné au nazisme par l'héroïque bataille de Stalingrad, la Russie a toujours compté parmi les plus décisives des puissances européennes.

Européens, nous le sommes de Brest à Vladivostok car Tolstoï et Dostoïevski, Tchékhov ou Boulgakov appartiennent à notre patrimoine commun, à ce panthéon de la littérature mondiale où ils trônent parmi Shakespeare, Hugo, Dante, Kafka ou Cervantès.

Européens, nous le sommes tous car vous et nous puisons notre culture commune dans la philosophie grecque, le droit romain, l'Ancien et le Nouveau Testament, les Lumières et la démocratie d'Athènes et de Rome réinventée par les révolutions britannique et française.

Européenne, votre Histoire l'est totalement puisque les plus éclairés de vos tsars s'étaient tournés vers la France, l'Allemagne et l'Italie lorsqu'ils avaient voulu ouvrir la Russie au monde, que 1905, Février 17 et le grand réveil que fut la perestroïka puisaient dans les idéaux de 1789 et de 1848 et que votre Empire s'est défait au même siècle, le XXe, que les Empires ottoman, autrichien, français, britannique, néerlandais et portugais.

Comme toutes les autres anciennes puissances impériales, vous vous êtes alors divisés entre ceux qui applaudissaient l'indépendance recouvrée par tant de peuples et ceux qui voyaient là un recul historique dont ils souffraient trop pour l'admettre.

Cette déchirure aussi nous fut commune. Chez vous comme chez nous, elle a pesé sur nos échiquiers et nos vies politiques. Elle continue chez vous de le faire car, en Russie, ce bouleversement n'a que trente ans, mais vous êtes toujours moins nombreux et si rares au-dessous de quarante ans à penser que l'Ukraine ou la Géorgie seraient à reconquérir.

Vous en venez à voir, comme nous, qu'à tenter de priver les autres de liberté, on finit par s'en priver soi-même et qu'une communauté de cultures, un héritage commun et la pérennité d'échanges économiques fondés sur des complémentarités historiques et non plus contraintes sont infiniment préférables à l'injustice et la fragilité des empires.

L'Inde et la Grande-Bretagne ne sont plus en conflit, pas plus que l'Autriche et la Hongrie. La France ne l'est pas plus avec le Maghreb ou l'Indochine, et la Turquie était mieux inspirée par l'ambition d'un Commonwealth industriel que par ses incursions militaires dans des eaux et sur des côtes qu'elle ne parviendra plus à dominer.

L'état de nos relations présentes nous attriste, bien sûr. Entre nous les tensions sont nombreuses et profondes mais un jour proche, très bientôt, vos nouvelles générations trouveront la voie de l'harmonie avec vos anciennes possessions devenues indépendantes. Ce jour-là viendra, nous en sommes certains, et c'est avec vous, avec cette nouvelle Russie sûre d'elle-même et démocratique – sereine et libre car en paix avec ses plus proches voisins – que nous bâtirons un continent d'échanges, de libertés et de stabilité.

Nous vous le disons car l'on sent la liberté frémir dans vos cœurs, car vous reprendrez votre marche interrompue vers la démocratie, car ce jour-là verra naître une nouvelle Europe, libre, forte et exemplaire, une Europe que nous serons fiers de laisser à nos enfants car elle est notre aspiration commune et notre commun destin auquel, ensemble, nous donnerons corps pour notre bien à tous.

C'est ce message d'amitié, de certitude et d'ambition commune que nous vous adressons aujourd'hui avec l'espoir qu'il contribue à notre nécessaire rapprochement et le précipite.

Vive l'Europe ! Vive la paix ! Vive la liberté ! »

Les commentaires postés en Russie, dans les pays baltes et en Pologne étaient émus, enthousiastes et, bien souvent, les deux en même temps. L'idée que Poutine n'était pas la Russie et qu'il y avait une autre Russie que lui, aspirant à la démocratie, était accueillie avec reconnaissance par des Russes heureux que cela fût dit et su à l'étranger. Les troupes massées à la frontière ukrainienne étaient toujours plus nombreuses mais cette idée d'une possible et nécessaire démocratisation de la Russie était chaleureusement approuvée par des lecteurs de pays sortis de l'URSS et de l'ancien bloc. Les États-Unis annonçaient l'imminence de l'invasion mais, à travers ce texte, s'instaurait en pointillé le dialogue qui devra s'ouvrir un jour entre les deux parties de notre continent commun et l'« Adresse » eut très vite une deuxième vie.

Quand Vladimir Poutine eut échoué à entrer dans Kiev et commencé à replier ses troupes vers le Donbass, les présidents des trois groupes majoritaires et de The Left en signèrent avec moi une version plus courte et intégrant l'entrée des troupes russes en Ukraine. Les Verts ne s'étaient pas joints au mouvement pour des raisons qui m'échappent encore mais l'essentiel du Parlement, ce grand parti démocrate dont j'espère tant l'affirmation, a tendu la main au peuple russe, malgré la guerre, malgré les meurtres, les viols et les destructions causés par un homme qui avait cru s'assurer une présidence à vie en allant reconstituer un Empire défait. Version courte, version longue et versions à venir, je crois ainsi que cette « Adresse » aura d'autres vies encore parce que la Russie est européenne et qu'il n'y a pas plus de culpabilité collective que de peuples aimant la servitude.

Août s'achevait. J'avais consacré mes semaines de vacances à ce livre, progressant au rythme de 6 000 signes par jour minimum et nageant ensuite une bonne heure. J'en étais à peu près à cette page lorsqu'il m'a fallu bouger. Passé le 15 août, ça me prend chaque été, aussi sûrement que l'envie de whisky à 6 heures du soir : je dois aller là où ça se passe, voir de mes yeux, voir et entendre.

J'ai appelé ce garçon de l'ambassade d'Ukraine qui m'avait demandé de venir prendre la parole à un meeting place de la République. C'était quelques jours après le 24 février. J'avais dit, de Zelensky, qu'il était « Coluche devenu Churchill » et, de Poutine, qu'il avait déjà perdu car il avait échoué à l'emporter d'un coup. Les Ukrainiens présents n'en étaient pas tous aussi certains que moi mais ils m'avaient chaleureusement applaudi et, entouré de ses deux petites filles, blondeur nordique et parfaitement francophones, Edward était ravi. « Vous élevez vos filles en français ? » lui avais-je demandé. Oui, m'avait-il répondu, car « je suis moitié français, moitié irlandais… ». Je l'avais coupé : « … Et diplomate ukrainien ? » En fait non : il n'était que l'époux de la ministre-conseiller de l'ambassade mais, depuis la guerre, il s'était mis au service du pays devenu le sien par mariage et paternité.

Quand je lui ai dit que je voulais aller à Kiev, il m'a proposé de voyager avec lui puisqu'il s'y rendait le 24 août, pour la fête du Jour de l'Indépendance. Je devais prendre un billet pour Cracovie. Il se chargeait de la réservation de train entre la frontière polonaise et Kiev, et même chose pour le retour. Nous voilà dans la salle d'embarquement de Roissy, non pas à deux mais à quatre, car Edward avait aussi mis du voyage Raphaël Glucksmann et une très savante militante française de la cause ukrainienne. Tout était si parfaitement organisé qu'un van nous attendait à Cracovie, flambant neuf et chauffeur polonais. Comme toutes les guerres, celle de Poutine faisait aussi ses heureux en créant de nouvelles offres et de nouvelles demandes. Ministres ou stars des télévisions, bien des célébrités avaient déjà emprunté cette navette pour la frontière et en moins d'une heure, nous passons d'un monde à l'autre.

Entre ce signe probant des bienfaits de l'appartenance à l'Union européenne qu'est le nouvel aéroport de Cracovie et la frontière ukrainienne, il n'y avait pas que la guerre et la paix. Il y avait aussi, à la descente d'avion, les premières décennies d'un nouveau siècle et, à la frontière de l'ancienne URSS, les vestiges mêlés de l'Empire austro-hongrois et du bloc soviétique, architecture pâtissière, bistrots n'offrant rien et bâtiments affligeants de grisaille uniforme. Où étions-nous ? Dans quels lieux ? En quels temps ? Difficile à dire car l'expression de *Mitteleuropa* prenait ici tout son sens, à la fois géographique, historique, culturel et géopolitique.

Nous n'étions pas « nulle part », comme dans la Pologne d'Alfred Jarry. Nous étions partout, dans les siècles réunis de Vienne, de Moscou et de la mondialisation. Pour ma part, j'étais chez moi, dans ce monde auquel ne me rattache aucune racine familiale mais que j'ai choisi par mes lectures, les postes que j'y ai occupés et une passion qui ne m'aura jamais quitté. Autour de moi, j'entendais tout, au sens fort aussi. Je comprenais l'essentiel car je reconnaissais beaucoup de russe dans l'ukrainien et beaucoup de mots polonais aussi, inscrits dans ma mémoire longue, d'il y a quarante ans. Et puis il y eut ce train.

Cabossé, interminable, sorti de temps révolus et fleurant autant l'URSS que les fresques prolétariennes de la gare fluviale de Moscou, c'était… C'était tout à la fois une tranche d'Histoire et un jardin d'enfants, rempli de jeunes femmes revenant chez elles avec leurs garçons et filles car la guerre n'était décidément pas perdue, qu'il fallait revoir ce père et ce mari devenu soldat et contribuer à la défense de la patrie.

Le nationalisme, c'est la guerre, mais le patriotisme est une belle chose. De toutes ces familles, il ne faisait qu'une et le chef de train, las et bienveillant, débordant de son pantalon, incarnait une compression de siècles et savait tout expliquer en russe comme en polonais, en allemand comme en ukrainien ou même en anglais limité.

Quand partait-on ? – « Bientôt. » À quelle heure arrivait-on ? – « Vers 7 heures. » Le samovar ? – « Patience, je l'allume. » Nous n'avons pas débloqué les couchettes du haut pour que le compartiment nous offre une place où dîner. Chacun de nous a sorti ses trésors, saucissons, fromages, biscuits, fruits, et mon litre de Jack a fait de moi le Père Noël de la bande. À minuit, la bouteille était vide, les conversations épuisées. Nous nous sommes endormis d'un coup, à poings fermés, comme tous les enfants de ce train fantôme roulant sans lumières dans la nuit en guerre et « vers 7 heures », à Kiev, un petit garçon aux yeux encore lourds de sommeil a hurlé « Papa ! » en voyant son père sur le quai.

Ce jeune père au sourire éclatant de bonheur était toujours vivant et ils se sont fondus dans une boule de folle tendresse et d'indescriptible joie qui disait tout le drame de ce pays et la détermination de ses citoyens. C'était la guerre mais au premier abord, Kiev était la plus normale des capitales d'Europe centrale, îlots de vétusté et grandes plages de modernité, embouteillages matinaux et terrasses, partout, toujours des terrasses, comme à Varsovie, des terrasses car il ne doit plus y avoir de murs, car on ne doit plus se cacher ni cacher quoi que ce soit, et des terrasses où le café se boit à toutes les modes d'Europe, même au gingembre, et où il serait inconcevable de s'asseoir sans ouvrir aussitôt son ordinateur, écouter ses messages et passer vingt coups de fil. Je savais que le front s'était considérablement éloigné de Kiev depuis que Poutine avait dû se replier sur le Donbass mais tant de paix et de normalité étaient pourtant stupéfiantes, sauf qu'on ne croisait d'hommes qu'autour des ministères et que…

Mais quoi ? Qu'est-ce qui singularisait tant cette ville pourtant si semblable à une autre ? Qu'est-ce qui faisait cette différence si palpable et tellement indéfinissable ? Longtemps, je n'ai pas compris. J'ai mis longtemps à réaliser que cette capitale retenait collectivement son souffle et ne parlait pas, qu'elle ne faisait que murmurer, comme lorsqu'on s'adresse à des gens frappés par le malheur, comme les jours de deuil, comme à l'église ou au cimetière, lorsque la décence, le respect ou la compassion vous commandent de baisser le ton.

Ce n'est pas aux terrasses que je l'avais compris mais dans l'une de ces cours intérieures si nombreuses à Kiev comme dans tout l'est de l'Europe. On les emprunte pour couper à travers les immeubles et aller plus vite, entre balançoires et bacs à sable. Elles sont l'itinéraire bis des piétons et c'est là que jouent les gosses qui, eux, riaient et criaient, galopant en tous sens tandis que les mères et les grands-parents murmuraient, téléphones à la main car c'est d'abord sur les écrans que tombent les alertes, départ de missiles qui peut-être, on ne sait pas, pourraient frapper la capitale comme ils allaient recommencer à le faire à l'automne.

Chacun de nous avait ses rendez-vous propres, amis et connaissances. Edward nous en avait organisé d'autres où nous allions à quatre et, souvent, nous croisions en plus un autre groupe présent à Kiev, U4U – *United for Ukraine*, Unis pour l'Ukraine –, un réseau de parlementaires de toute l'Union dont j'avais été cofondateur. Ces rencontres devinrent vite lassantes tant nos interlocuteurs entretenaient tous le même suspens sur la « contre-offensive » qui se préparait et dont ils parlaient sans plus nous dire ses objectifs que sa date, évidemment secrets. Pour le reste, c'était une rengaine : « Ils perdront, nous gagnerons » et, là encore, inutile de demander ce que signifiait ce mot de « victoire » en ukrainien alors même qu'en russe « défaite » pouvait vouloir dire, au choix, repli sur les lignes du 23 février ou sur celles de 2014, avant l'annexion de la Crimée et l'occupation de parties entières du Donbass.

Je n'apprenais pas grand-chose en fait mais je voyais l'extrême jeunesse des femmes et des hommes sur lesquels reposait la survie de l'Ukraine ; j'entendais à chaque phrase l'intimité des services de renseignement ukrainiens et britanniques ; je ressentais toute l'incompréhension qu'Emmanuel Macron et ses échanges avec Poutine suscitaient à Kiev mais j'enregistrais aussi que les livraisons d'armes et d'équipement français étaient particulièrement appréciées parce qu'elles répondaient vraiment, me disait-on, aux demandes ukrainiennes et arrivaient au jour dit.

Bizarre : la France était aussi moquée en public que louée en petits comités. La France irritait, inquiétait mais on ne doutait pas une seconde de la solidité et de la pérennité de son appui. La France, sa politique et son président intriguaient à Kiev mais nous y intéressions et lorsque je parvenais à faire admettre à un interlocuteur que non, pas du tout, ce n'était pas chercher un arrangement avec Poutine sur le dos de l'Ukraine que de penser à l'Europe d'après la défaite russe, la conversation pouvait vraiment s'engager car c'est bien là qu'est le sujet, le seul, le vrai.

Le Jour de l'Indépendance, j'avais été voir la longue colonne de chars pris à l'ennemi que les Ukrainiens avaient disposée sur l'avenue principale. En m'y rendant, je repensais à l'explication la plus plausible de l'erreur d'appréciation commise par Poutine. Il avait, disait-on, ordonné d'acheter l'état-major ukrainien et croyait que c'était fait. Il croyait que l'Ukraine lui serait livrée par sa propre armée mais ces millions de dollars s'étaient retrouvés sur des comptes numérotés d'agents russes qui n'avaient jamais acheté quiconque. Juste après avoir échoué à prendre Kiev, Poutine a lui-même donné crédit à cette version des faits en appelant publiquement, et presque désespérément, les généraux ukrainiens à prendre le pouvoir et à s'entendre avec lui.

Se non è vero, è ben trovato car ces millions évaporés disent tout de ce qu'est ce régime Poutine d'assassins, de voleurs et de corrupteurs et maintenant, d'ailleurs, que je découvrais ces chars, comme cela me semblait crédible ! Petits, rouillés, mal foutus, c'étaient de telles casseroles qu'on les aurait crus sortis de la Première Guerre mondiale et c'était ça l'armée russe ? Cette rouille ? Ce musée ? Ces vieilleries ? Eh bien oui, c'étaient des têtes nucléaires et cette brocante car si l'on ne savait pas encore que Poutine en serait bientôt réduit à se fournir en drones auprès des mollahs iraniens, il suffisait de voir ces blindés qui l'étaient si peu pour comprendre que le budget militaire de la Fédération de Russie s'était lui aussi perdu sur des comptes numérotés, quelque part entre Chypre et les îles Caïmans. À l'époque, on ne savait pas non plus que les jeunes Russes mobilisés en septembre allaient devoir s'acheter, de leurs propres deniers, leurs équipements sur le marché noir où ils avaient été revendus mais il m'avait suffi de remonter cette colonne au milieu de vieillards tétanisés par le retour de la guerre pour que ma conviction de toujours, celle de l'inéluctable victoire ukrainienne, en soit décuplée.

À chaque rendez-vous, j'en revenais donc à la même question : « Mais après ? Que faisons-nous après la défaite de Poutine ? », de ce Poutine dont j'allais répétant, depuis le 24 février, qu'il était « plus près de la porte que de l'augmentation » et les réponses restaient si vagues, confuses et réticentes que j'ai bien dû me rendre à l'évidence. Ce n'était pas que les Ukrainiens ne sachent pas envisager l'après-guerre. C'était qu'ils ne voulaient pas dire à un eurodéputé, français qui plus est, que leur victoire ne serait pour eux complète qu'après la reconquête de la Crimée. Ils ne le voulaient pas car cela aurait pu faire peur à beaucoup de leurs alliés européens et américains mais à moi, non. Moi, ça ne m'aurait pas inquiété le moins du monde parce que les Ukrainiens ne pourront pas pénétrer en Crimée avant que le pouvoir de Poutine se soit écroulé ou considérablement affaibli et que la Crimée soit alors au cœur des négociations et non plus des combats.

J'ai souvent été tenté de le dire à mes interlocuteurs de Kiev mais c'eût été trop tôt. Je ne pouvais pas leur demander d'anticiper à ce point alors qu'ils en étaient à préparer leur contre-offensive. Si sûre que soit leur victoire, ils avaient d'abord à y œuvrer – ce qu'ils ont brillamment fait dès septembre – et je touchais là, de mon côté, aux limites de ce statut de député-journaliste auquel je tiens tant. « Je mets mon métier au service de ma fonction », dis-je à chaque fois qu'on m'interroge sur ma double casquette. Oui, très bien. Enquêter avant de proposer et ne pas laisser une appartenance politique m'empêcher d'en conclure ce que je crois juste, oui, bien sûr, encore mieux, mais le ministre ou le diplomate auquel je m'adresse à Kiev parle à un eurodéputé dont il connaît l'étiquette et la nationalité. C'est ce député qu'il reçoit, pas un journaliste, et les questions que je lui pose et remarques que je lui fais, il les entend venir d'un homme politique en train de le sonder et non pas d'un reporter d'idées, friand de constructions politiques, d'échanges et de projections à long terme.

Lorsque j'ai été élu, je n'ai pas voulu choisir. Je ne le regrette pas. Je n'admets pas qu'on me présente comme « ancien journaliste » alors que je le suis plus que jamais mais il y a des moments, il faudra que je m'y fasse, où je ne peux pas être les deux à la fois bien que Jaurès ait fondé *L'Humanité* et que *Le Monde* ait inventé la France d'après guerre. J'allais d'ailleurs le vérifier, quelques semaines plus tard, à Varsovie où Renew tenait son séminaire annuel.

Au matin du deuxième jour, j'étais invité à parler de la guerre d'Ukraine devant la fine fleur de l'intelligentsia et des instituts de recherche polonais. Des journalistes étaient présents et dans les quelques minutes qui m'étaient imparties, je me lance dans un développement sur la nécessité qui sera la nôtre, après la défaite de Poutine, d'aider la Russie à se reconstruire afin de l'intégrer aux Démocraties plutôt que de la laisser ruminer et préparer une revanche. « Il nous faudra préférer le plan Marshall au traité de Versailles », dis-je en résumé, et les trois quarts de la salle se décomposent avant que je n'aie pu retenir mes mots. Si ça n'avait pas été Varsovie, si je n'y étais pas connu comme un compagnon de tranchée de Solidarité, je me serais fait écharper car j'avais oublié que je ne parlais pas en mon nom mais au nom de Renew, que j'étais français, qu'il y avait un contentieux Macron sur le sujet et qu'il y a aussi des choses qu'un député ne peut pas dire, contrairement à un journaliste.

En disant, à Varsovie, « plan Marshall pour Moscou », je venais de faire exactement ce qu'Emmanuel Macron fait et ne devrait pas faire lorsqu'il ne choisit ni le lieu ni le moment où énoncer une vérité, si peu contestable soit-elle. Alors qu'un journaliste rapporte des faits ou développe une analyse qui lui est propre, chaque mot d'un politique est un message, un positionnement, un appel du pied à d'autres partis ou à une catégorie donnée d'électeurs. Chacun le sait, ou presque, mais une chose est de le savoir, l'autre est de vivre cette différence entre la liberté du journaliste et les contraintes du politique avec autant de violence que je l'ai ressentie après les élections suédoises du 11 septembre 2022.

Au soir des résultats, les sociaux-démocrates sont en tête, suivis de loin (10 points et 34 sièges de moins) par les Démocrates de Suède, un parti d'extrême droite aux racines nazies. Pour les trois principaux partis de droite, le choix est donc entre une coalition avec la gauche ou, comme ils l'ont annoncé, avec ces si mal nommés Démocrates. Les Libéraux, l'un de ces trois partis, ont une eurodéputée siégeant au groupe Renew. Pour notre délégation, pour les élus de la majorité présidentielle française, aucun doute, aucune hésitation : Karin Karlsbro (c'est son nom) doit choisir entre son parti et notre groupe qui ne saurait accepter dans ses rangs des gens gouvernant avec l'extrême droite.

Nous le faisons savoir. Nous le disons en réunion de groupe mais une claire majorité de ceux qui se bousculent alors pour nous répondre dit, au contraire, qu'il est déjà arrivé que des partis de Renew s'allient localement à l'extrême droite, que la démocratie n'en est pas morte, que nos amis suédois sont libres de leurs décisions, que nous ne pouvons pas juger à leur place et que les Démocrates de Suède ne feront de toute manière qu'apporter leurs voix à un gouvernement dans lequel ils ne siégeront pas.

Les Libéraux allemands développent cela en tir groupé alors même qu'ils gouvernent à Berlin avec les Verts et les sociaux-démocrates. Je n'en reviens pas. Nous échangeons, nous Français, des regards d'incompréhension et, après m'être juré de rester courtois, je fais observer que notre groupe n'a pas choisi, au Parlement, de joindre ses voix à celles de l'extrême droite mais à celles des sociaux-démocrates et du PPE, que les droites suédoises ont fait le choix contraire alors qu'elles auraient très bien pu gouverner avec la social-démocratie et que ce choix, nous ne pouvons ni l'approuver ni l'accepter.

Avant moi, l'une des figures de notre délégation avait dit avec force qu'elle s'était engagée en politique pour barrer la route à l'extrême droite mais un député estonien me rétorque lui qu'au contraire, avec cette progression de l'extrême droite, les situations à la suédoise allaient se multiplier et que nous devions donc intégrer cette évolution des choses plutôt que de refuser la réalité. J'ai pâli et j'ai encore dû entendre, sans me lever et claquer la porte, que les droites suédoises n'auraient pas pu s'allier avec les sociaux-démocrates parce qu'il fallait maintenant réparer les dégâts économiques qu'avait causés leur trop longue présence au gouvernement.

Cela signifiait sans l'ombre d'une ambiguïté que les sociaux-démocrates suédois étaient à ses yeux des sortes de collectivistes qu'il convenait que les Libéraux combattent avec l'appui d'une extrême droite venue du nazisme et je devais laisser passer cela ? Enregistrer ce point de vue comme un autre et ne pas reprendre le micro pour appeler un chat un chat et ces inepties, d'intolérables insanités ?

Journaliste, rien ne m'y aurait obligé et je ne l'aurais certainement pas fait. Homme politique, eh bien oui, je me devais de rester calme et assis car nous n'étions en fait pas seuls. Les Roumains partageaient notre position et le disaient. Avec son poids politique propre, Róża Thun a rappelé qu'on ne devait jamais composer avec l'extrême droite et qu'elle avait quitté le PPE parce qu'il tardait à exclure de ses rangs le Fidesz, le parti d'Orbán. Beaucoup de membres des délégations qui défendaient les Suédois étaient en réalité d'accord avec nous et nous le disaient, des yeux ou par SMS. Non, nous n'étions pas seuls. Peut-être même étions-nous majoritaires mais Karin se refusait à quitter son parti et nous ne pouvions pas même tenter de l'exclure parce que son parti libéral appartient au parti libéral européen et que c'est à lui et non pas au groupe que revenait la décision. C'étaient les statuts. Nous aurions dû nous en préoccuper plus tôt mais nous ne l'avions pas fait et nous sommes allés à cinq vider cinq bouteilles d'un chianti qui, si bon qu'il ait été, a lamentablement échoué à nous dérider.

Nous étions piégés. Nous l'étions quoi que nous fassions car l'alternative était claire. Si nous restions, personne ne se priverait de nous reprocher un jour de siéger avec une alliée de l'extrême droite et nous n'aurions rien à répondre tant nous nous le reprocherions nous-mêmes. Si nous quittions le groupe, nous nous retrouvions chez les non-inscrits, autant dire nulle part, car où aller d'autre ? Au PPE, il n'en était question pour aucun de nous. Au groupe social-démocrate, nous aurions retrouvé des socialistes français qui avaient fait, avec la Nupes, un choix qui ne pouvait pas être le nôtre. Aucune de ces options n'était envisageable et, pour ne rien arranger, l'acrimonie de ces échanges nous avait fait voir que beaucoup des députés de Renew trouvaient que nous pesions trop dans le groupe, nous jugeaient trop keynésiens et avaient saisi l'occasion de nous le signifier.

Nous venions, en fait, d'essuyer une motion de défiance et, au-delà même du sentiment de salissure politique que nous ressentions, restait un vrai malaise. En début de mandature, nous nous étions crus les plus forts ou presque car nous formions la délégation la plus nombreuse du groupe sans lequel rien ne pouvait plus se faire au Parlement. C'était vrai. Ça le reste, mais nous venions de découvrir que nous pouvions être mis en échec au sein même de ce groupe charnière et que nous avions en fait commis une erreur de taille en 2019. Plutôt que de rejoindre un groupe existant nous aurions dû chercher à créer un nouveau parti européen, aussi composite que la majorité présidentielle française, ce grand parti démocrate dont nous venions de vérifier le besoin, que j'espère tant voir naître un jour et qui existe déjà, en pointillé.

Bien des élus (et des électeurs) du PPE jugent leur parti trop conservateur et s'effraient de voir que beaucoup de ses membres sont tentés de s'allier à l'extrême droite. En moins marquée, la même coupure se retrouve à Renew où elle se double d'une opposition entre thatchériens et néokeynésiens. L'écrasante majorité des sociaux-démocrates est de centre gauche et nullement tentée par les fadaises bolivariennes ou un retour à l'économie dirigée. À l'exception des Verts français en crise d'adolescence prolongée, les autres Verts sont plus réfléchis et, de surcroît, bons gestionnaires. Même à la gauche de la gauche, il y a de nouvelles gauches dont les utopies sont créatrices et avec lesquelles des convergences ne sont pas inconcevables.

Virtuellement parlant, ce nouveau parti existe mais tant que le jeu de partis nationaux agonisants continuera d'autant peser sur les élections européennes et la formation des groupes, nous aurons toujours besoin des vieux États à défaut de partis neufs.

Je le ruminais au lendemain de nos litres de chianti. Tête lourde et incapable d'avaler ne fût-ce qu'un thé, j'ai pris place à mon bureau en me demandant ce que j'avais à faire – à dire vrai, rien du tout – de cette empilade de réunions, rendez-vous et marchandages sur de vains amendements, quand sont entrés des Tunisiens, vers midi, après tant d'autres. Ils étaient tout un groupe, hommes et femmes, islamistes d'Ennahdha, laïcs bourguibistes et sociaux-démocrates, très divers mais tous bonne gueule, chaleureuse, sympathique, et opposants déterminés à ce nouveau chef de l'État rêvant d'incarner un paternalisme religieux, conservateur et déjà passablement dictatorial.

Je les observe, les écoute et réalise que la Tunisie aussi est en quête d'un nouvel échiquier avec un parti trumpiste autour du président et un parti démocrate, là, devant moi, qui se cherche à mi-chemin du fantôme de Bourguiba et des mues d'Ennahdha, parti en précipitation chimique, venu de l'islamisme et marchant à tâtons vers un conservatisme indéfini. Ces opposants n'ont pas vraiment de programme mais sont unis par la volonté de défendre les libertés qu'ils perdent. Ils forment un front aussi solide qu'improbable. Je me retiens de leur dire que je les comprends de l'intérieur car moi-même, nous aussi... Mais non !

Je suis député, pas à confesse. « Qu'attendez-vous de moi ? », ai-je fini par leur demander quand ils m'eurent détaillé tous les malheurs économiques et politiques de la Tunisie. Eh bien, ai-je compris, je devais veiller à ce que la résolution sur les dérives de leur président soit adoptée sans délai (ce à quoi j'échouerai) et me faire l'avocat de la cause tunisienne auprès du Parlement, de l'Élysée, de la France et de toute l'Union pour que l'Europe défende leurs libertés, soutienne leur économie et empêche le retour d'une dictature dans ce dernier îlot des printemps arabes.

Avec autant de foi que de naïveté, ils attendaient tout de l'Europe et des moments comme celui-là, j'en vis beaucoup tous les mois. La Tunisie est proche, profondément liée à l'Europe par son histoire et sa culture, mais c'est des quatre coins du monde, accompagnées d'une ONG ou l'autre, qu'arrivent chez l'un ou plusieurs des députés, tous les jours, des délégations porteuses d'inimaginables horreurs. « Faites quelque chose, aidez-nous ! » disent-elles en nous tendant de pauvres dossiers sur des massacres en cours, un syndicaliste enlevé qu'on risque de ne jamais revoir, une grève de la faim qui se finira bientôt à la fosse commune si personne ne bouge, un conflit montant qu'il faut arrêter avant les flots de sang et la famine qui se profilent.

Il y a évidemment bien pire que la Tunisie mais des Tunisie, recul de la démocratie et autoritarisme naissant ou renaissant, il y en a comme toujours plus – multiplication ou recensement plus précis, difficile à dire, c'est un débat – et puis il y a les feuilletons de l'éternel recommencement, arménien, kurde ou israélo-palestinien. Le tandem des hommes de bonne volonté venus de la terre qu'on dit sainte est presque un classique. Plan de paix en poche, ils arrivent comme l'aveugle et le paralytique, un Palestinien, un Israélien. Difficile de savoir s'ils croient à ce qu'ils disent ou s'ils ont besoin d'espérer pour survivre. Ils sont attachants, nobles, généreux, mais que leur dire ? Et que dire aux autres, à tous les autres venus implorer l'Union à travers nous : « Monsieur le député, faites quelque chose ! »

Alors on prodigue des mots de solidarité qui seront rapportés et feront plaisir. On se paie de mots qui ne sont que de bonnes paroles et promet de pousser à l'adoption d'une résolution d'urgence. Elles servent à cela mais il n'y en a pas plus de trois par mois et entre députés d'un même groupe puis entre groupes, les négociations sont cruelles. D'un côté, l'horreur, la vie, la mort. De l'autre, un permanent affrontement entre ceux qui se battent sans relâche pour une seule et même cause, primordiale à leurs yeux ; ceux qui mettent constamment en garde contre l'européocentrisme ; ceux qui veulent systématiquement remplacer « persécutions antichrétiennes » par « persécutions antireligieuses » et tous ceux qui, consciemment ou pas, la plupart d'entre nous, sont plus sensibles à un drame qu'à un autre pour des raisons idéologiques, psychanalytiques, électorales, géographiques, cultuelles ou culturelles.

Chacune de ces réunions est une bataille et, comme tout à Bruxelles, les enchères du malheur se terminent sur de subtils compromis conclus de guerre lasse. Une cause triomphe, l'autre pas. C'est partie remise et, en attendant, il y a les clauses compensatoires. On peut écrire à la Commission ou au Service d'action extérieure (le Quai d'Orsay de l'Union) pour les sommer d'agir comme nous-mêmes l'avions été. C'est une manière de se défausser et il y a, aussi, la photo sur les marches du Parlement ou devant l'hémicycle avec T-shirts et banderoles. Je n'y vais qu'en traînant les pieds. Je déteste particulièrement les T-shirts mais ils créent un effet de masse. La photo en est plus forte et, aussitôt relayée sur les réseaux sociaux, elle va redonner espoir aux dominés et tellement irriter les dominants qu'ils enverront, à tout coup, leurs ambassadeurs nous dire à quel point leurs États sont respectueux du droit dans leur juste lutte contre le « terrorisme », mot qui signifie désormais « opposition » dans toutes les dictatures.

Le Parlement et les droits de l'homme, c'est un théâtre, une permanente reprise avec prolongations éternelles, mais seuls les imbéciles ou le cynisme de l'extrême droite peuvent moquer cette pièce, une pure tragédie, du Racine, dont le ressort permanent est le combat pour la liberté. Nous pourrions certainement être meilleurs mais nous ne devons pas être totalement nuls puisque c'est en nombre, et toujours croissant, que le malheur kazakh ou vénézuélien, turc ou érythréen, bélarusse ou chinois, ukrainien ou tunisien, que tout le malheur du monde se tourne vers l'Union, la moins imparfaite des démocraties, le plus solide bunker des libertés et du droit.

Ces Tunisiens m'avaient fait honte.

Ces Tunisiens étaient plus européens que je ne l'étais ce matin-là avec mes contrariétés de la veille et mon mal de cheveux et, en les raccompagnant à l'ascenseur – « C'est un aéroport : vous redescendez au troisième, prenez à gauche jusqu'à la passerelle et… Et vous redemanderez » – j'ai repensé aux Ukrainiens. Tous m'avaient dit : « Nous n'avons pas le choix », pas d'autre choix que l'obligation de vaincre. Nous ne l'avons pas non plus, me suis-je murmuré en retournant à mon bureau, car une victoire de Poutine et la défaite de l'Ukraine convaincraient ce petit tsar inexpressif et cruel qu'il avait finalement eu raison, malgré ses revers initiaux, que les Occidentaux n'étaient que des poules mouillées et qu'il pouvait maintenant pousser son avantage en imposant ses conditions aux pays baltes, voire à la Pologne et à toute l'Europe centrale, pendant que son ami Xi irait croquer Taïwan.

Nous n'avions pas le choix car cette résurrection de l'Empire russe dont rêvait M. Poutine se ferait au détriment de la paix sur tout le continent et, partout ailleurs, de la démocratie qui apparaîtrait alors plus faible que les dictatures. Nous ne sommes pas en 39. L'Histoire ne se répète jamais à l'identique car les décennies changent le monde. Poutine n'est pas une résurrection de Hitler. Il est Poutine mais, comme lors de la Seconde Guerre mondiale, nous n'en étions pas moins engagés dans une bataille entre la tyrannie et la liberté, entre le règne de l'arbitraire et la démocratie, entre les Lumières et les ténèbres du despotisme.

C'est pour cela que j'avais vite pris position, activement, sans relâche, en faveur de l'octroi du statut de pays candidat à l'Ukraine et que j'avais même fini par mobiliser des élus de toute couleur pour amener, comme elle l'a fait, la Conférence des présidents de groupe, la plus haute instance du Parlement, à lancer un appel en ce sens. Ce faisant, j'allais contre toutes mes convictions puisque j'avais toujours considéré, point de vue d'essence française d'ailleurs, qu'il fallait « approfondir » l'Union avant de l'élargir, c'est-à-dire modifier des institutions qui fonctionnent déjà si mal à vingt-sept avant d'élargir nos rangs. Je continuais à le penser lorsque j'ai commencé à plaider l'octroi du statut de pays candidat à l'Ukraine et continue à le penser jusqu'aujourd'hui mais tant pis, à la guerre comme à la guerre.

5

Les architectures d'un continent

Il fallait tendre la main à l'Ukraine, non pas à moitié mais vraiment. Il ne fallait pas seulement l'armer mais également la reconnaître comme l'une des nôtres car, pour trouver la force de repousser l'agression russe, les Ukrainiens devaient savoir que leur victoire ne les laisserait pas dans un no man's land politique, qu'ils ne seraient plus à la merci d'une nouvelle attaque mais membres de l'Union qu'ils aspiraient à rejoindre depuis si longtemps.

Ce statut de pays candidat, il fallait le leur accorder mais comment le refuser alors à la petite Moldavie voisine, pays sans Défense, sans ressources et dont toute une région, la Transnistrie, était restée sous contrôle russe depuis les années 90 ? Ne pas ouvrir la porte à la Moldavie qui avait porté à sa présidence une avocate passionnée de l'adhésion à l'Union, c'eût été dire à M. Poutine qu'il était libre de s'installer à Chisinau mais, plus s'imposait cette évidence, plus montait d'autres confins une plainte aussi justifiée que vigoureuse.

L'Albanie, la Bosnie-Herzégovine, le Kosovo, la Macédoine du Nord, le Monténégro, la Serbie et la Géorgie en venaient à demander avec autant d'ironie que de colère s'il leur faudrait aussi être agressés par la Russie pour qu'on leur entrouvre enfin les portes de l'Union. Nous pouvions d'autant moins ignorer leur message que la Russie, la Chine et la Turquie d'Erdogan profitaient depuis longtemps des atermoiements de l'Union pour prendre ou reprendre pied dans ces pays, carnets de chèques à l'appui.

Nous ne pouvions pas soutenir l'Ukraine tout en abandonnant tant d'autres pays aux nostalgies impériales du Kremlin. Nous ne pouvions pas non plus, surtout pas, nous laisser aller à la tentation d'un nouveau Yalta, d'un nouveau partage de l'Europe, mais comment ne pas tuer l'Union en l'élargissant à tant d'États parfois très éloignés et tous d'un niveau de développement tellement moins élevé que le nôtre ?

Il fallait tout à la fois ne laisser personne à la porte ; ne pas donner d'un coup le même statut à tout le monde sous peine d'aller au blocage institutionnel ; ne pas créer d'appellations différentes pour ne pas donner l'impression qu'il y avait la véritable Union (celle des plus riches et des plus anciens membres) et la table des enfants (nouveaux venus et bien pauvres) et il ne fallait pas, non plus, exiger de tous ceux qui devaient nous rejoindre qu'ils visent le même niveau d'intégration alors que tous ne souhaitaient pas appartenir à une union politique et ne le souhaiteraient pour longtemps pas, ou même jamais.

Autant dire que ce défi était impossible à relever mais il fallait chercher, trouver, ouvrir une piste, et parce qu'un journaliste est libre de sa plume et s'exprime en analyste plus qu'en décideur, je me suis jeté à l'eau, testant des idées, esquissant un premier brouillon puis un second avant de publier le papier suivant dans plusieurs journaux européens dont *Le Monde* :

« En trois jours, l'Union européenne s'est engagée à ouvrir ses portes à trois nouveaux pays, dont l'Ukraine. La tâche n'aura rien d'aisé. Il y a même là un tel défi que l'Union ne pourra pas le relever sans entièrement se réinventer, mais ce tournant majeur reste pratiquement inaperçu. Dans le fracas de la guerre, c'est tout juste si l'on a entendu la présidente de la Commission annoncer la nouvelle, à Kiev, le 8 avril. "L'Ukraine marche vers un avenir européen", a alors dit Ursula von der Leyen et, le lundi suivant, la percée de Marine Le Pen au premier tour de la présidentielle française a totalement éclipsé la remise des questionnaires d'adhésion à la Moldavie et à la Géorgie. »

Le Monde avait titré : « En s'ouvrant à l'Ukraine et à d'autres pays, l'UE court à la paralysie. Elle doit s'organiser pour aller plus loin et plus vite vers des objectifs communs » et le papier se poursuivait ainsi :

« En disant "oui" aux Ukrainiens, l'Union a pourtant pris le risque d'accepter en son sein un pays de 44 millions d'habitants, totalement détruit par les pilonnages russes et dont les frontières resteront longtemps aussi disputées que fragiles. Nous avons pris l'énorme risque d'importer dans l'Union un conflit non résolu et d'en devenir ainsi partie prenante. Mais ce n'est pas tout.

Nous nous sommes obligés à prendre le même risque avec la Géorgie et la Moldavie parce que nous ne pouvions pas sembler les abandonner aux nostalgies impériales de Vladimir Poutine, et ce n'est encore pas tout. En trois jours, nous nous sommes ainsi contraints à faire sans doute aboutir autrement plus vite que nous ne le souhaitions les négociations en cours avec la Serbie, le Monténégro, l'Albanie, la Macédoine du Nord, la Bosnie-Herzégovine et même le Kosovo, soit six pays de plus. Nous courons, en un mot, à la paralysie, car nos institutions, conçues pour six États, alors que l'Union en compte aujourd'hui vingt-sept, sont déjà tellement essoufflées qu'elles ne pourraient plus du tout fonctionner avec quelque trente-cinq États membres aux niveaux de développement économique et politique si profondément différents.

Nous mettons, oui, le doigt dans un engrenage suicidaire mais, sauf à jouer les autruches, à fuir nos responsabilités et à renoncer à défendre la démocratie, nous ne pouvions pas tourner le dos aux Ukrainiens. Nous pouvions encore moins nous dérober que nous ne l'avions pu lorsque la Pologne, les pays baltes et l'Europe centrale frappaient à nos portes mais comment relever maintenant le défi que nous nous sommes lancé ?

Eh bien, c'est simple. Nous n'y parviendrons qu'en cessant de penser que nous pourrions tous avancer du même pas, tout le temps et dans tous les domaines. C'est impossible. Cela le restera pour de nombreuses décennies mais nous pouvons, en revanche, constituer des ensembles de pays désireux d'aller plus loin et plus vite vers des objectifs communs, et cette Europe à plusieurs vitesses pourrait prendre corps de deux manières.

La première serait de voir chaque fois, au coup par coup, qui veut faire deux pas en avant quand d'autres n'en envisageraient qu'un ou aucun. C'est d'autant moins injouable que nous le faisons déjà, avec l'espace Schengen ou la zone euro, mais l'Union ne pourra pas éternellement se reconfigurer au gré des événements alors même qu'elle devra agir toujours plus vite avec une clarté toujours plus grande.

Nous devrons donc commencer par une multiplication volontariste de coopérations renforcées mais, chemin faisant, marcher vers une révolution institutionnelle d'une tout autre ampleur. À terme, l'Union devrait prendre la forme d'une fusée à trois étages, des étages entre lesquels il y aurait toutes les passerelles permettant de passer du premier au deuxième et du deuxième au troisième, de l'union la plus lâche à l'union la plus étroite.

L'objectif final serait d'en arriver un jour – un jour encore lointain et qu'il ne faudrait surtout pas vouloir précipiter – à un troisième étage autrement plus important que les deux premiers, mais, pour l'heure, comment définir ces trois niveaux ?

Le premier devrait être celui du "partenariat européen", un étage auquel nous pourrions intégrer les Balkans, l'Ukraine, une Turquie solidement démocratisée et, qui sait, quand elle le voudrait, une Grande-Bretagne tournant le dos à la vanité de sa solitude. Ce serait, l'un dans l'autre, l'étage de ce qu'avait été le Marché commun, une zone de libre-échange cimentée par l'adhésion aux principes de l'État de droit et de la Déclaration universelle des droits de l'homme.

Puis viendrait l'étage de l'"union économique", celui des politiques économiques communes et de la monnaie unique, l'étage correspondant à l'actuel état de l'Union, mais en plus avancé, puisque tous les États y appartenant devraient avoir adopté l'euro et renoncé à toute forme de dumping fiscal et social.

Viendrait enfin, au troisième étage, ce qu'il faudrait appeler la "communauté européenne" où quelques-uns – les six États fondateurs et d'autres – mettraient en commun la politique étrangère, le développement d'une défense commune et les investissements dans les industries d'avenir.

Faudrait-il, dans ces conditions, définir ce troisième étage comme une fédération ou une confédération ? Ce serait l'erreur à ne pas commettre tant ces mots fâchent et n'ont pas le même sens dans chacun des États membres. Restons-en plutôt à ce mot de "communauté" qui ne fait plus peur à personne depuis le traité de Rome et dont la simplicité exprime avec tellement de force l'essentiel, c'est-à-dire que nous mettons en commun, à ce troisième étage, tout ce qu'il y a de plus important et, d'abord, notre sécurité.

Si nous acceptions cette démarche, tout resterait à faire. Nous aurions alors à nous attaquer à une montagne de problèmes institutionnels, tous formidablement complexes mais qui n'auraient pourtant rien d'insoluble pour trois raisons.

La première est que nous aurions le temps nécessaire à la définition de ces nouvelles règles puisque nous commencerions par la multiplication des coopérations renforcées avant de passer à l'institutionnalisation des trois étages.

La deuxième est que cette démarche conviendrait à presque tous les États du continent européen, peut-être même à la Russie elle-même dans quatre ou cinq décennies. À l'exception de la Hongrie de Viktor Orbán qui ne veut ni de l'euro ni du respect de l'État de droit, tous pourraient en effet trouver dès aujourd'hui leur place à l'un ou l'autre de ces étages, les moins allants au premier, les plus fédéralistes au troisième et les autres, au deuxième.

Quant à la troisième raison pour laquelle ces trois étages pourraient s'imposer naturellement, elle est que le premier niveau permettrait d'accélérer les nouveaux élargissements tandis que le troisième faciliterait la marche vers l'union politique que les vingt-sept ont entamée depuis la première campagne électorale de Donald Trump.

En six ans, les États membres se sont progressivement ralliés à la nécessité d'une Défense et de politiques industrielles communes. Ils l'ont fait parce qu'un doute s'est insinué sur la pérennité du parapluie américain, que la Chine affirme sa puissance militaire et que Vladimir Poutine a brisé l'interdit de la guerre en plein cœur de l'Europe. Ces changements sont tellement irréversibles que l'Union ne renoncera pas à son unité politique, mais le terrain est si difficile qu'il serait bien plus aisé de commencer par y progresser à quelques-uns qu'à vingt-sept ou, bien sûr, à trente-cinq. »

J'essayais là d'intégrer toutes les contraintes, de donner à voir une possibilité d'unir le continent sans détruire l'Union existante ni continuer, non plus, à engager des négociations de quinze ou vingt ans entre l'ouverture et la conclusion desquelles il ne se passait rien d'autre que des réunions techniques. Dans mon esprit, cela devait pouvoir mener le jour venu, *allegro ma non troppo* mais un jour, aux États-Unis d'Europe, de toute l'Europe, mais il ne s'agissait, pour longtemps, que d'unir autour de projets communs et sous un nom commun tous ceux des États européens aspirant à rejoindre l'Union mais ne pouvant pas encore répondre aux exigences du degré d'intégration auquel elle est déjà parvenue.

Une réplique de la fusée d'*Objectif Lune* me fait face dans le coin bureau de mon domicile parisien. Je ne doute pas que ce soit elle qui m'ait inspiré cette expression de « fusée à trois étages », une seule et même fusée baptisée « Union européenne » mais comprenant trois niveaux d'intégration différents, trois étages entre lesquels il serait possible et souhaitable de passer dès lors qu'on le souhaiterait et répondrait aux conditions nécessaires. Merci Hergé, mais si je lui dois les mots pour l'exprimer, l'idée ne venait évidemment pas de lui. Elle était née de la nécessité de modifier le processus d'élargissement, des interrogations et nouvelles obligations induites par la guerre, d'une si pressante quête de solutions que je découvre aujourd'hui que plusieurs mois avant que je ne lance ma « fusée », deux des meilleurs instituts de recherche européens, le Centre for European Policy Studies et le European Policy Centre, avaient appelé de leur côté à un processus d'« intégration par étapes » des pays candidats.

Ils proposaient que les futurs nouveaux membres soient progressivement associés aux décisions de l'Union, en quatre étapes liées à la progression des négociations sur les conditions économiques, politiques et institutionnelles qui leur sont posées. Ancien président du Conseil italien, Enrico Letta allait suggérer, quant à lui, de repartir de l'idée de « Confédération européenne » que François Mitterrand avait avancée sans succès lorsqu'il avait dessiné, après la chute du mur, un continent en tranches concentriques de pays unis par leur degré de rapprochement avec l'Union. À l'heure où Poutine nous l'imposait, il avait relancé la réflexion sur l'élargissement et puis Emmanuel Macron, tout juste réélu à la présidence de la République, entre en scène, le 9 mai, avec son concept de « Communauté politique européenne ».

En ce premier semestre 2022, la France assume la présidence tournante du Conseil des ministres. En six mois elle aura fait passer un nombre considérable de textes, défendus, poussés, marchandés par son secrétaire d'État aux Affaires européennes, Clément Beaune, son Représentant permanent auprès de l'Union, Philippe Léglise-Costa, et notre délégation, bien sûr, les députés de la majorité présidentielle. C'est à cette présidence française de l'Union européenne – la PFUE, dit-on en bruxellois – qu'on doit, notamment, la taxation minimale des multinationales ; la réglementation des marchés et services numériques ; les premiers paquets de sanctions contre l'agression russe ; l'adoption d'une *Boussole stratégique* définissant les étapes d'un renforcement de la Défense commune d'ici à 2030 ; les décisions d'instaurer une taxe carbone aux frontières et d'interdire la vente de véhicules thermiques à compter de 2035 ; les directives sur le salaire minimum dans l'Union et les quotas de femmes dans les conseils d'administration ou l'obligation faite aux fabricants de téléphones mobiles de s'accorder sur un modèle de chargeur universel.

C'est donc auréolé par sa réélection et le succès déjà assuré de la PFUE qu'Emmanuel Macron lance à Strasbourg, en plénière, son idée de Communauté politique. À cet instant, il incarne l'Union mais s'abstient de trop précisément définir ce nouvel ensemble parce que l'intuition qu'il mûrit n'est pas déjà aboutie et qu'il ne veut braquer personne sur des points de détails. Sa proposition est pourtant assez claire pour que le Parlement et la presse puissent y lire que, Grande-Bretagne comprise, cette Communauté pourrait être rejointe par tout pays d'Europe le désirant ; qu'elle permettrait d'agir en commun sur des projets communs sans attendre la longue conclusion de négociations d'adhésion et qu'elle ne devrait pas être vue comme un substitut à l'Union mais comme une étape active y menant progressivement.

En mon for intérieur, j'ai regretté que le Président ne dise pas que la Communauté devrait faire partie de l'Union et en porter le nom. J'ai également regretté qu'il ait choisi ce mot de « Communauté » pour parler du degré le plus large et non pas le plus resserré de la future architecture européenne. J'ai surtout craint qu'en plaçant la Communauté politique hors de l'Union européenne, Emmanuel Macron n'offre la possibilité à la Grande-Bretagne d'organiser une structure parallèle à l'Union. Je le crains toujours mais, sur le fond, son approche était si semblable à celle que j'avais développée que beaucoup des députés ou journalistes qui avaient lu mon papier sont venus me voir ou m'ont appelé pour me dire : « Mais c'est ce que vous proposiez ! Vous murmurez maintenant à l'oreille du Président ? »

Plus je démentais, moins on me croyait. La situation que j'avais vécue dans les pays baltes se répétait mais non, il n'en avait rien été. Je doute d'ailleurs qu'Emmanuel Macron ait lu ce papier du *Monde* et, quoi qu'il en soit, il y a une grande différence entre un chef d'État et un eurodéputé, fût-il journaliste.

L'un a sur l'autre l'avantage de pouvoir agir, d'être acteur et non pas seulement analyste et porteur d'idées. Cinq mois plus tard, Emmanuel Macron réunissait à Prague toute l'Europe moins la Fédération de Russie, bien sûr, mais Turquie et Grande-Bretagne comprises. C'était la première réunion de la Communauté politique européenne. Les suivantes devaient avoir lieu en Moldavie, en Espagne et en Grande-Bretagne et l'idée des projets communs prend corps, de projets communs s'articulant évidemment à ceux de l'Union et cimentant petit à petit une unité continentale autour d'une Union européenne s'élargissant progressivement au rythme de son approfondissement.

Trois étages ou intégration par étapes, Confédération, Communauté politique ou autre chose encore, cette grande Europe s'esquisse et se fera mais qu'en sera-t-il de la Russie ? Tout aussi européenne que l'Ukraine, la France ou l'Arménie, la Russie devrait-elle rester à vie en dehors de l'unité continentale, comme un corps exogène ou même adverse ?

Si je le pensais, je n'aurais pas écrit l'« Adresse au peuple russe ». C'est parce que j'ai vécu la perestroïka parmi les Russes que j'ai écrit ce texte et tellement tenu – un échec puis deux succès – à en faire un document politique. Dans ces années-là, plus Mikhaïl Gorbatchev levait le couvercle du communisme et incitait (car c'était le cas) les rédacteurs en chef des grands journaux à parler vrai du présent comme du passé, plus les gens s'enhardissaient, toutes générations et tous milieux confondus, plus se multipliaient les « organisations informelles » (les ONG, pourrait-on dire) et plus soufflait le vent d'une liberté qui, chaque jour un peu plus, transformait l'URSS.

Si les Russes ne l'avaient pas aimée, cette liberté, pourquoi s'en étaient-ils ainsi saisis et pourquoi avaient-ils tant espéré et voulu qu'elle l'emporte ? Pourquoi étaient-ils descendus dans la rue lorsqu'un quarteron de putschistes imbéciles a voulu déposer Gorbatchev et pourquoi avaient-ils envoyé siéger tant d'opposants et de contestataires au premier Soviet suprême élu au terme d'un scrutin libre, totalement libre puisque même les sièges réservés au Parti communiste avaient fait l'objet de primaires opposant réformateurs et conservateurs ?

Je n'ai jamais pu oublier les premières journées de ce qui était devenu un vrai Parlement, les débats retransmis en direct par la télévision, l'URSS entière clouée devant les écrans et les orateurs dénonçant les crimes du communisme, exigeant la démocratie et ovationnant Sakharov. C'est ce peuple-là qui aurait tant aimé la servitude ? Allons ! Comment dire cela ? Et comment s'étonner que lorsque Boris Eltsine, ses proches et ses obligés (sa « famille », disait-on) se furent partagé les plus grandes richesses nationales au nom de la démocratie et de l'économie de marché, les Russes aient pu trouver une séduction au jeune homme tout en muscles, Vladimir Poutine, qui leur promettait de faire rendre gorge aux voleurs ?

Après un alcoolique incapable d'articuler passé dix heures du matin, ce nouveau président leur donnait une autre image d'eux-mêmes. Il leur rendait une jeunesse, une dignité et l'espoir d'un avenir dont ils n'auraient pas à rougir. Pas à pas, leur James Bond – car c'est l'image qu'il cultivait – faisait aussi réexister la Russie sur la scène internationale alors que Boris Eltsine avait purement et simplement aligné sa diplomatie sur celle des États-Unis. Pour le plus grand bonheur des Russes, le successeur semblait être l'exact opposé de son prédécesseur et, avec lui, ils avaient en tout cas retrouvé une stabilité qui les sortait d'un bouleversement incessant, aussi épuisant qu'angoissant. Tout comme les Français s'étaient accommodés de trois monarques et de deux empereurs après la prise de la Bastille et la Terreur, les Russes étaient heureux de pouvoir souffler après avoir connu leur seconde Révolution en moins d'un siècle.

Les Russes, c'est un fait, avaient massivement applaudi l'arrivée de l'homme en qui ils voyaient leur Bonaparte mais cela signifie-t-il que la liberté soit contraire à leur ADN ?

Si tel était le cas, il faudrait aussi le dire des Français qui avaient laissé revenir la monarchie au XIXe après l'avoir chassée au XVIIIe, et si ce nouveau régime n'avait rien eu à craindre d'un peuple aimant la servitude, pourquoi aurait-il dû faire assassiner tant de gens et réprimer si violemment tant de manifestations ? Et lorsque M. Poutine eut fait pénétrer ses chars en Ukraine, pourquoi aurait-il eu besoin de menacer de quinze ans de prison toute personne employant ce mot de « guerre » dont il avait proscrit l'emploi et pourquoi, soudainement, tant de grands gestionnaires de l'industrie, des gens à même de savoir à quelle catastrophe mènerait cette folle et sanglante aventure, se seraient-ils « suicidés » après avoir tué femme et enfants ?

Chacun le comprend. C'est parce que les Russes, comme chacun, comme tout peuple, préfèrent la liberté au despotisme que M. Poutine, ses empoisonneurs et ses tueurs à gages se sont constamment attachés à leur montrer ce qu'ils risquaient à ouvrir la bouche. Ils risquaient si gros que peu d'entre eux ont osé protester contre l'invasion de l'Ukraine et que les sondages, de vrais sondages, indiquaient l'expression d'un fort taux de soutien à Vladimir Poutine et à sa guerre.

Beaucoup de gens en ont tiré argument pour dire qu'une écrasante majorité de Russes partageaient l'ambition de leur président de reconstituer l'Empire et devaient, en conséquence, être considérés comme complices de cette agression contre un pays indépendant. Cela pouvait sembler tellement incontestable que plusieurs des journalistes russes exilés après le 24 février portaient aussi ce jugement sur leur propre peuple mais si vous aviez été russe et sondé, qu'auriez-vous fait ? Logiquement, prudemment, intelligemment, vous auriez comme eux répondu que non, vous n'aimiez pas Poutine mais l'adoriez plus que tout et que tout ce qu'il faisait avait votre soutien.

Il y a un acte d'accusation contre la Russie mais, du banc de la défense, peut-on demander combien de Français se sont insurgés lorsque les autorités et l'armée françaises ont généralisé l'usage de la torture en Algérie ? Malgré les saisies, la presse était libre. Beaucoup de grands journaux dénonçaient cette infamie. La France en savait alors beaucoup plus sur ce qui se passait en Kabylie que les Russes n'en ont longtemps su sur ce qui se passait en Ukraine mais il n'y eut que bien peu de Français, pas beaucoup plus que de Russes après le 24 février, pour oser dire « non ».

Le 24 février, il y avait toujours beaucoup d'opposants mais plus d'opposition organisée car Vladimir Poutine l'avait brisée depuis longtemps. L'opposition n'était plus qu'individuelle et, lorsque des individus pensent ne pas pouvoir agir, ils préfèrent ne pas savoir jusqu'au jour où soudain, une goutte d'eau fait déborder le vase, une ignominie de plus jette les gens dans la rue au moment où personne ne s'y attend plus. Alors non, les Russes ne sont ni plus héroïques ni plus passifs que les autres peuples. Ils sont comme tout le monde, ni pires ni meilleurs, et Emmanuel Macron avait raison de penser qu'il ne fallait pas « humilier la Russie ».

Aussi déconcertante que celle de Brégançon, son erreur fut d'avoir oublié que toute vérité n'est pas bonne à dire à tout moment. Au moment où Poutine martyrisait les Ukrainiens, il était choquant et tout simplement impossible de plus sembler se soucier de la Russie que de l'Ukraine mais, sur le fond, le président de la République voyait juste en estimant qu'une fois l'agression repoussée et la défaite de Poutine consommée, il faudra agir avec les Russes comme on l'avait fait avec l'Allemagne après la Seconde Guerre mondiale et non pas après la Première.

Je ne vais pas répéter ma bourde de Varsovie en reparlant d'un plan Marshall pour la Russie mais nous aurons à montrer plus de sagesse que n'en ont eu les vainqueurs de la guerre de 14 lorsqu'ils ont si bien humilié et ruiné l'Allemagne qu'ils ont largement contribué à l'essor du nazisme. Après la défaite nazie, les Alliés ont au contraire su refuser toute idée de culpabilité collective et se souvenir que Hitler avait brisé l'opposition allemande avant d'asservir l'Europe et d'entreprendre d'y assassiner les Juifs jusqu'au dernier nourrisson. Les Alliés ont alors préféré apporter leur contribution économique et politique à la renaissance d'une Allemagne pacifique et prospère dont la démocratie est devenue exemplaire. Chacun sait qu'il y a toute raison de s'en féliciter. Ce fut le meilleur des choix possibles et, le jour venu, lorsque les anciens maîtres du Kremlin auront répondu de leurs crimes, la stabilité continentale, la paix mondiale et les libertés démocratiques profiteront de la main que nous devrons tendre à la Russie.

Ce ne sera pas évident pour les Ukrainiens auxquels il sera difficile de faire taire une rancune tellement justifiée. Ça ne le sera pas, non plus, pour beaucoup de Baltes, de Polonais ou de Roumains qui se diront qu'il faut cette fois-ci diviser et affaiblir la Russie avant qu'elle n'ait repris assez de force pour préparer sa revanche mais non ! Comme avec l'Allemagne à la fin des années 40, c'est sur la paix et la démocratie qu'il faudra tabler, sur le désir commun d'assurer une prospérité commune, et nous aurons, Poutine battu, une deuxième erreur à ne pas commettre, celle qui avait été faite en 1991, lorsque le délitement de l'URSS avait suivi celui du bloc.

Tout allait alors si vite et tant de pays réapparaissaient d'un coup sur la carte que dans cette euphorie collective personne n'a su même envisager d'inscrire ces nouvelles réalités dans des accords de sécurité et de coopération, dans de nouveaux accords d'Helsinki. Ni les Américains, ni les Russes, ni les Européens, personne n'a pensé nécessaire, urgent, indispensable de solennellement fixer les nouvelles frontières dans des traités régissant les coopérations à venir et établissant des règles de confiance et de sécurité entre tous les États du continent.

Si on avait pu le faire en 1975, en pleine guerre froide, on aurait pu le faire après la chute du mur. Bien des drames en auraient été évités mais, une fois l'agression repoussée, on devra maintenant le faire car tant que toutes les nations de l'ancien Empire russe n'auront pas inscrit leurs nouveaux rapports et leurs nouvelles frontières dans des accords de sécurité liant tous les États du continent, il n'y aura pas de paix durable entre l'Ukraine et la Russie et donc pas de véritable paix en Europe.

Pour que l'après-guerre ne devienne pas un avant-guerre, pour que l'Europe ne répète pas la tragédie des années 30, pour mettre un point final à l'instabilité européenne, il faut d'ores et déjà penser à la construction de la « maison commune » européenne que Mikhaïl Gorbatchev avait appelée de ses vœux quand le mur s'effritait. L'expression qu'il avait alors forgée disait tout car un continent commun, qu'on le veuille ou non, est une maison commune mais alors que je disais cela à un jeune député ukrainien, que je le lui disais pourtant avec toutes les précautions et prudences oratoires dont j'avais cru pouvoir me dispenser devant l'intelligentsia varsovienne, il m'a coupé, main levée, paume ouverte, visage défait, et lancé d'une voix sourde : « Je les hais, Bernard ! Vous comprenez ? Je les hais. »

C'était huit mois après le début de l'agression russe. Nous étions à Paris dans le cadre d'échanges entre les autorités françaises et les parlementaires de United for Ukraine. Toute la table est restée interdite, Ukrainiens compris, et dans le silence dont nous ne savions pas sortir, ce garçon a repris : « Avant-hier, le plus cher de mes amis est tombé au front. Il est mort ! Alors quoi qu'on puisse me dire : je les hais. » Le silence s'est encore épaissi. Je me maudissais d'être entré en politique et de me retrouver à devoir choisir entre le geste de compassion auquel tout me poussait et ce devoir d'élu qui m'imposait de combattre la haine qui, forcément, s'enracine dans les cœurs.

Même dans d'aussi simples moments que cet instant de douleur absolue, la politique n'est jamais simple. Les secondes, comme à nous tous, me semblaient des heures mais j'ai soudain pensé à ma mère. En 43, toute gamine, traquée, cachée, sortant d'un cours de maths que son ancienne prof de lycée avait offert de lui donner toutes les semaines, elle avait lu sur un mur de la Sorbonne : « Ce ne sont pas les Allemands qu'il faut haïr mais les nazis. » Elle ne l'avait jamais oublié et racontant cela à notre tablée sans quitter mon jeune député des yeux, je leur ai dit la suite.

Onze ans plus tard, quand il a fallu me trouver un baby-sitter, ma mère a décidé qu'il serait allemand, qu'elle confierait la garde de son premier enfant, de ce qu'elle avait de plus précieux au monde, à un jeune homme venant d'un pays dont les dirigeants avaient assassiné toute sa famille. Gunther avait dix-sept ans. Il vit toujours. Il avait voulu venir à Paris apprendre le français pour se sentir proche d'un peuple avec lequel il voulait bâtir un avenir de paix. Son accent, celui qui avait terrifié ma mère durant toute la guerre, me faisait hurler de rire et quand j'ai dit à quel point j'avais aimé mon baby-sitter allemand, une élue ukrainienne, une maîtresse-femme dont je suis devenu proche, a murmuré : « J'admire ta mère mais moi, non : je ne confierais jamais mon enfant à un baby-sitter russe. »

Il fallait courir au rendez-vous suivant, l'Élysée, le Quai d'Orsay, je ne sais plus car je ruminais à mon tour une incommensurable fureur. Je haïssais

Poutine, je l'avoue, d'avoir réensemencé l'Europe de haine et de détruire deux pays à la fois car il n'y a pas que l'Ukraine. L'Ukraine, on sait. On sait le martyre qu'elle aura vécu depuis l'aube du 24 février 2022, l'acharnement avec lequel sa population civile aura été ciblée et le crime répugnant et vain, le crime contre l'humanité que cela constitue mais la Russie ? Mais cette fédération de peuples, de Républiques, de régions et de grandes villes, cet ensemble tellement plus disparate qu'on ne l'imagine de l'étranger ?

La Russie est l'autre crime de Poutine car si cette guerre devait durer, les dépenses militaires, les sanctions occidentales et le recul des exportations de gaz et de pétrole ruineront ce pays qui sombrera, lentement mais sûrement, dans une complète anarchie. Tandis que ses fils tueront et mourront pour rien, qu'entre avancées et reculs, sans vraie victoire ou dans la défaite, son armée continuera de s'embourber en Ukraine et que l'Asie centrale achèvera de s'affranchir du Kremlin, les prétendants à la succession de Vladimir Poutine se déchireront, les dirigeants régionaux se découvriront un destin et plus d'un des peuples du Caucase, du Grand Nord et de l'Est lointain se dira que l'heure de l'indépendance est venue.

On peut, bien sûr, penser que l'ours en serait privé de ses griffes et qu'il n'y aurait aucune raison de le regretter mais ce serait sous-estimer l'ampleur du désastre. Une guerre civile déchirerait une puissance nucléaire ; les mouvements djihadistes trouveraient de nouveaux terrains d'action en Tchétchénie et dans les Républiques limitrophes pendant que la Chine et la Turquie seraient immanquablement tentées d'intervenir dans l'immense chaos que l'Union européenne verrait naître à ses frontières.

Plus durera cette guerre, plus grandiront les dangers qu'un éclatement de la Fédération de Russie ferait peser sur le monde. C'est pour cela que nous devons plus que jamais savoir nous adresser au peuple russe pour lui dire que le temps des empires s'est achevé et qu'il peut avoir avec nous, avec l'Union européenne, un avenir de coopération, de paix et de prospérité – un avenir autrement plus souhaitable qu'une suzeraineté chinoise ou une durable et sanglante anarchie.

6

Tout nous y oblige

Chaque jeudi, revenant de Bruxelles à Paris, je fais un voyage dans le temps. Je me retrouve à Moscou, l'hiver 1988, expliquant à des sommités de passage que le régime communiste était d'ores et déjà mort et qu'il fallait s'atteler à penser le post-soviétisme.

Mes interlocuteurs avaient pour moi ce même regard surpris, sceptique ou même réprobateur que je suscite trop souvent aujourd'hui en disant qu'une nouvelle Union est en marche ; que les idées de Défense européenne et de politiques industrielles communes n'y constituent plus des tabous ; que ce qui était inconcevable ne l'est plus ; que ce qui ne s'imaginait même pas est en débat ; que ce qui est en débat progresse si vite que l'Union en est à armer un pays en guerre et que nous avons à être à la hauteur d'une situation nouvelle car nous n'avons pas le choix.

Nous ne l'avons plus car on y est, à ce désastre qu'annonçaient la cécité avec laquelle les Démocraties avaient refusé de soutenir la tentative gorbatchévienne de sortie pacifique du communisme et l'inconscience avec laquelle personne ne s'était soucié de rebâtir un ordre international après la chute du mur. Nous ne l'avons plus, ce choix d'observer les glissements de terrain tout autour de nous en nous contentant de jouer les secouristes grâce à nos médecins sans frontières et nos cargos de vivres et de médicaments.

Nous ne l'avons plus car le temps où nous pouvions nous croire à l'abri des tourments extérieurs est révolu et ne l'est pas seulement parce que la guerre est de retour en Europe. Tout bouge, partout et cet ébranlement général nous menace de tous côtés. La Chine se rêve en première des superpuissances et s'en donne les moyens militaires. L'Inde aspire à sortir d'un coma séculaire en affirmant son identité hindoue au détriment de ses minorités, musulmane et chrétienne. Défait, l'Empire russe a rêvé, lui, d'une renaissance dans un aussi total contretemps que si la Grande-Bretagne voulait reconquérir l'Irlande. Les États-Unis ne veulent rien céder de leur prééminence et donc contrer la Chine avant qu'elle ne leur ravisse la première place, et ce n'est pas tout.

Délires nationalistes ou neutralité mal conçue, le Brésil voudrait être ce qu'il n'a jamais su devenir : une grande puissance. La Hongrie elle-même brouille bien des cartes avec sa volonté de retrouver le poids régional qu'elle avait avant que les vainqueurs de la Première Guerre mondiale ne l'amputent des deux tiers de son territoire. La Turquie voudrait retrouver le poids et l'influence de l'Empire ottoman. Partout, la fin de la guerre froide et de ce gel des positions qu'elle avait impliqué a remis petites et grandes puissances en mouvement et ne doutons pas du sort qui nous attendrait, nous autres Européens, si nous renoncions à pérenniser notre unité en l'affirmant et l'élargissant.

Ce n'est pas seulement que l'impérialisme russe pourrait alors l'emporter en Ukraine et porter ses regards sur d'autres des territoires réagrégés par le communisme après avoir été soumis par les tsars. Ce n'est pas seulement que la guerre d'Ukraine ne connaîtrait plus de frontières. C'est que face à la pression victorieuse d'une nostalgie triomphante chacun de nos vingt-sept pays jouerait bientôt son jeu propre dans la renaissance d'alliances de revers, de religions ou de cultures menant en un rien de temps à la reprise de ce millénaire de guerre civile européenne dont nous venons à peine de sortir.

Attention ! Rampante, affamée, la barbarie est toujours là, impatiente de revenir, et sitôt qu'un verrou saute, elle frappe, aussi vite que les Balkans avaient replongé dans les massacres ou que Poutine a déchaîné l'enfer sur l'Ukraine. Aux quatre coins du globe, ce n'est pas la fin de l'Histoire que nous vivons mais le réveil de volcans qui n'ont fait que commencer à cracher leur lave.

Ce que notre continent a connu, il peut le connaître à nouveau et le connaîtra si nous nions le danger au lieu de le combattre.

Si durait la crise ukrainienne, ses effets viendraient s'ajouter aux incertitudes de la Chine, au sanguinaire épuisement de la théocratie iranienne, aux cataclysmes climatiques, aux tentatives du président turc d'éviter un désaveu populaire et à tant d'autres crises politiques. Cet avant-guerre qu'il faudrait tant éviter de laisser s'ouvrir lorsque sera consommée la défaite de Vladimir Poutine, peut-être en voyons-nous déjà les prémices. Peut-être a-t-il déjà commencé. Peut-être le vivons-nous sans le savoir et l'immense paradoxe est que, créée pour assurer la paix et parvenant enfin à prendre son envol politique, l'Union risque maintenant d'être emportée par Vladimir Poutine dans une tourmente générale qui n'épargnerait personne.

Ni pour nous-mêmes ni pour nos enfants nous n'avons le droit de laisser faire et, tout autant que la lucidité, cela nous impose la foi – celle qui déplace les montagnes, celle qui a permis aux Ukrainiens de retourner une situation a priori désespérée, cette foi en nous-mêmes que nous avons tellement perdue alors même qu'il n'y a pas de pays où les libertés soient plus grandes que les nôtres, où les inégalités soient moins fortes, où l'argent pèse moins dans la vie politique, où les infrastructures soient aussi développées, où la protection sociale soit meilleure et où les services publics eux-mêmes restent aussi enviables quels que soient leur recul et la profonde dégradation de beaucoup d'entre eux.

Sur le podium de l'économie mondiale, nous sommes au coude-à-coude avec la Chine, une Chine trois fois plus peuplée que nous. La France est l'un des endroits du monde où il fait le mieux vivre. La démocratie allemande est exemplaire. L'Italie est un transformiste qui, toujours, se réinvente en restant elle-même. L'Europe centrale s'est métamorphosée en une poignée d'années et ce n'est pas tout puisque nous sommes infiniment moins divisés que ne le sont les États-Unis et moins incertains que ne l'est une Chine vieillissante qui aura toujours plus de difficultés politiques à faire face à l'inéluctable ralentissement de sa croissance.

Alors, ça suffit ! Cessons de nous dénigrer. Arrêtons de nous dévaloriser ! Nous avons nos faiblesses et nos ridicules que je n'ignore certainement pas et que ce livre ne cache pas mais ne refusons plus de voir nos forces, nos atouts, nos qualités et la manière, surtout, dont nous avons su relever le gant depuis le 24 février alors même que rien ne nous y avait préparés et que toute notre culture s'opposait à ce que nous avons su improviser.

L'Allemagne elle-même a su diagnostiquer un « changement d'ère », rompre avec son pacifisme et décider d'investir 100 milliards d'euros dans sa Défense. « Bien tard », « trop tard », entend-on souvent mais mesure-t-on la révolution que cela représente dans ce pays traumatisé par les crimes que le nazisme l'avait amené à commettre ? Mesure-t-on qu'en un rien de temps les vingt-sept États membres de l'Union avaient su mettre en place un pot commun pour livrer des armes à l'Ukraine agressée alors que les États-Unis en étaient encore à marteler que leurs troupes n'interviendraient pas dans ce conflit ? Mesure-t-on que malgré l'ampleur prise par le soutien américain à Kiev, les aides européennes à l'Ukraine sont d'un montant sensiblement égal à celles des États-Unis ? Mesure-t-on qu'en février 2023, après le précédent des achats groupés de vaccins, l'Union envisageait de passer des commandes de munitions communes, autrement dit de s'armer en commun ? Mesure-t-on, en un mot, que sans même en être déjà pleinement consciente et sans que ses citoyens, ses journaux et ses élites intellectuelles l'aient encore réalisé, l'Union agit depuis le 24 février en acteur de la scène internationale, en puissance politique marchant vers cette « autonomie stratégique » à laquelle Emmanuel Macron l'avait appelée dans son discours de la Sorbonne ?

On ne le mesure pas encore, pas assez du moins, tant nous nous complaisons à nous affliger de notre soi-disant décadence et à nous croire déjà si dépassés, nuls et finis que nous ne serions plus que le musée d'une grandeur perdue alors qu'il n'y a là qu'imbécillités délétères. La réalité n'est plus que l'Europe a perdu l'absolue domination qu'elle exerçait sur le monde depuis la Renaissance. Elle est que nous avons aujourd'hui tous les moyens de toujours plus nous affirmer sur la scène internationale puisque nous pesons infiniment plus à 450 millions de citoyens européens qu'à vingt-sept États dispersés et rivaux qui n'avaient jamais cessé de se faire la guerre.

Avec juste un peu moins de complaisance pour nos sujets de mécontentement et un peu plus de détermination collective à bâtir notre avenir commun, nous pourrions même beaucoup plus que ce que nous pouvons déjà car l'Europe, ouvrons les yeux, est déjà plus une nation que la France ne l'était avant sa Révolution. Quoi qu'en disent les myopes et les europhobes, l'Europe est une nation en fusion, comme la France l'était dans les tranchées de 14-18. Alors, à tous ceux qui vont disant qu'il ne pourrait pas y avoir de démocratie européenne car il n'y a pas de peuple européen, un conseil.

Prenez un vol d'Helsinki à Lisbonne. Faites l'expérience et vous ne changerez pas plus de pays qu'entre Strasbourg et Marseille, Naples et Milan, Francfort et Berlin. Vous serez toujours en Europe mais montez maintenant dans un avion reliant n'importe quelle capitale européenne à l'Asie, à l'Afrique, à l'Amérique ou même à New York, la plus européenne des villes américaines, et là, vous êtes ailleurs.

L'Europe n'est pas à unir car son Histoire, sa culture, le christianisme et les Lumières, la Révolution française, nos guerres elles-mêmes, nos échiquiers politiques, la simultanéité de l'évolution de nos mœurs et près de soixante-quinze ans maintenant d'institutions communes, nous unissent déjà bien plus profondément que nous ne le croyons. C'est tellement vrai d'ailleurs qu'Asiatiques et Américains ne se rendent pas en France, en Allemagne ou en Italie. Ils viennent visiter « l'Europe » mais nous, les Européens, nous nous voyons comme d'abord différents alors même que tchèques ou suédois, espagnols, allemands ou français, nous sommes, d'abord, européens. Il faut beaucoup de mauvaise foi ou bien peu d'intelligence pour le nier mais qu'en sera-t-il le jour où notre unité, quels que soient la forme et le nom qu'elle prendra, se sera élargie à une dizaine de nouveaux pays ?

La question se pose car à vingt-sept, tels que nous sommes, nous formons un ensemble cohérent dont les écarts de développement ne sont guère plus grands qu'ils ne peuvent l'être au sein d'un même pays. Grâce à leur dynamisme et aux fonds européens, les anciens pays communistes tendent à s'aligner sur ce qu'on appelait l'Europe occidentale aux temps de la guerre froide. Des trains de banlieue hongrois aux aéroports polonais en passant par la numérisation de l'administration estonienne, la modernisation de l'Europe centrale est même si spectaculaire que l'harmonisation entre les vingt-sept États membres et leurs jeunesses est déjà bien plus profonde qu'on ne le croit mais qu'en sera-t-il, oui, la question se pose, le jour où l'Union se sera une nouvelle fois élargie ?

Sera-t-il possible, et à quel rythme, de parvenir au même niveau d'harmonie entre États membres le jour où l'Union compterait dans ses rangs l'Ukraine, la Moldavie, la Géorgie, l'Arménie sans doute et tous ceux des pays de l'ancienne Yougoslavie qu'elle n'a pas déjà intégrés ? Car les faits sont là. À vingt-sept, nous constituons une famille, celle des grands acteurs de l'histoire européenne et des pays lointainement ou récemment sortis d'empires défaits dont chacun des citoyens de l'Union connaît le nom alors qu'il n'en va pas de même avec beaucoup des pays désormais susceptibles de nous rejoindre.

L'Albanie, la Bosnie-Herzégovine, le Monténégro, la Macédoine du Nord, la Moldavie ou même la Géorgie sont largement inconnus à un grand nombre de Scandinaves, Français, Allemands ou Espagnols qui, pour beaucoup, n'ont redécouvert l'existence de l'Ukraine qu'après l'annexion de la Crimée et ont toujours à apprendre que la Moldavie n'est pas à confondre avec la Syldavie ou la Bordurie, les pays du *Sceptre d'Ottokar*.

Ces pays sont européens. Ils le sont par leur culture et leur géographie mais n'en sont pas moins porteurs d'autres passés que les Europe occidentale et centrale, d'une Histoire fortement marquée par la domination ottomane et la proximité du Proche-Orient ou de l'Asie. « L'Europe », celle de l'Union, ne s'était jusqu'ici pas confondue avec l'Europe sans guillemets, avec le continent européen, et c'est pour cela qu'il est si fondamental de donner du temps au temps et d'imaginer plusieurs rythmes et degrés d'adhésion à l'unité européenne qui devrait avoir un même nom, c'est essentiel, mais plusieurs formes.

La tâche n'aura rien d'aisé mais qui a connu Prague, Varsovie, Budapest ou Tallinn aux temps communistes, il y a seulement trente ans, et les voit aujourd'hui ne peut penser une seconde qu'impossible serait européen. Comme nous y sommes arrivés, pour le bien de tous, en Europe centrale nous y arriverons, pour le bien de tous, sur le reste du continent dont le potentiel de développement est aussi phénoménal que l'aspiration à la liberté.

Nous y arriverons mais les difficultés ne sont pas qu'extérieures. Il n'y a pas que l'Ukraine et la Russie. Il n'y a pas que la possibilité que Xi Jinping puisse considérer qu'un assaut contre Taïwan pourrait faire oublier ses problèmes intérieurs. Il n'y a pas seulement, non plus, ce que Recep Erdogan aura pu tenter pour rester au pouvoir. Au-delà même de cet environnement international, l'Union doit faire face à ses difficultés propres.

La première est que la Grande-Bretagne soit partie. Son départ aura eu l'avantage de nous permettre de franchir des étapes auxquelles elle se serait opposée mais, avec elle, nous avons perdu tout à la fois une économie de poids, l'autre puissance militaire de l'Union avec la France et le seul autre des États membres, avec la France encore, à vraiment connaître le monde car elle aussi fut un empire. Les Britanniques reviendront un jour puisqu'ils regrettent déjà d'être partis mais, en attendant, leur départ n'est pas un atout. C'est une perte sèche, d'autant plus sérieuse que le Brexit affaiblit gravement cet indispensable partenaire.

La deuxième difficulté propre à laquelle est confrontée l'Union est que son entrée dans ce troisième moment de l'unité européenne multiplie les sujets de conflits politiques et de rivalités industrielles entre ses États. Tant que la Défense commune restait la marotte des seuls Français, il aurait été tellement inutile de nous disputer sur les conceptions que l'on peut s'en faire que bien peu de gens y perdaient leur temps mais c'est tout différent aujourd'hui.

La Défense européenne, très bien, puisque plus personne ne s'y oppose mais signifie-t-elle que nous nous éloignons de l'Alliance atlantique et nous préparons à la quitter avant que les États-Unis ne nous entraînent dans un conflit avec la Chine ? Ou bien, au contraire, ne nous décidons-nous à financer et affirmer notre Défense qu'afin d'éviter que les États-Unis ne nous tournent le dos en nous reprochant de vouloir continuer à leur faire régler notre facture de sécurité ? Est-ce, autrement dit, pour tenter de pérenniser l'Alliance atlantique ou pour anticiper sa fin, voire l'accélérer, que nous souhaitons nous donner les moyens de nous défendre par nous-mêmes ?

Il n'y a, en fait, pas de capitale européenne, pas même Paris, surtout pas Paris, pour souhaiter que l'Alliance n'existe plus que dans les manuels d'Histoire. La quasi-totalité des eurodéputés considèrent même, et c'est bien entendu mon cas, que la démocratie a plus que jamais besoin d'être défendue par la puissance d'un front euraméricain renforcé. Ce souhait est d'autant plus général que l'Europe n'aurait pas les moyens de se défendre seule avant longtemps mais, au-delà de ce constat, les deux rives de l'Atlantique et le monde sont tellement en devenir qu'à Washington comme à Paris, Berlin ou Varsovie, l'incertitude est profonde et les débats montants sur les futurs objectifs de l'Alliance et la forme qu'elle devrait prendre à l'avenir.

Est-ce que le commandement de l'OTAN devrait devenir totalement paritaire entre États-Unis et Europe ou est-ce que chacun, Européens et Américains, devrait être représenté à l'état-major commun en proportion de son apport en hommes et en armes ? Et est-ce, comme aujourd'hui, chacun des États européens qui devrait appartenir à l'Alliance ou l'Union en tant que telle ou bien encore des États, d'une part et, de l'autre, un groupe d'États qui seraient allés plus loin plus vite sur le chemin de l'unité politique ?

Ce n'est pas que s'opposent des conceptions différentes incarnées par des capitales divergentes. C'est que rien n'est plus clair, qu'on ne le reconnaît pas publiquement, que personne ne sait plus vraiment où l'on va et qu'il est, en conséquence, tout sauf simple de jeter les premières bases de cette Défense européenne qui, pourtant, s'est d'ores et déjà improvisée dans le soutien militaire à l'Ukraine. Face à Vladimir Poutine, les Européens ont inventé leur première Défense commune mais maintenant ?

Faut-il continuer à passer commande de nos armes à Washington comme tant des États membres l'ont toujours fait et viennent de le refaire ou faut-il privilégier des fournisseurs européens et accélérer pour cela la constitution d'industries militaires paneuropéennes, d'Airbus de l'armement ?

Moins évident qu'il n'y paraît, le débat est extrêmement complexe car il ne suffit pas de dire que les commandes européennes devraient autant privilégier les industries et l'emploi européens que les commandes américaines privilégient l'économie américaine. C'est indiscutable. Si nous nous résolvons, en des temps si difficiles, à consacrer une bien plus grande part de nos dépenses budgétaires à la Défense, ce ne peut pas être pour favoriser l'industrie d'un pays ami mais étranger sauf...

Sauf que, pour l'heure, les stocks sont sur l'autre rive atlantique et non pas en Europe où le soutien à l'Ukraine les a beaucoup vidés ; que nous ne pouvons pas attendre pour nous réarmer et que si nous voulons nous attacher durablement le soutien des États-Unis, il y a des gestes à faire et d'autres pas. Pour que le parti de la solidarité avec l'Europe demeure dominant aux États-Unis et que, même sans Trump, le rejet trumpiste de l'Alliance atlantique ne finisse pas par l'y emporter, peut-être ne faut-il pas risquer de faire à leurs industries d'armement la même et totale concurrence que celle qu'Airbus a faite à Boeing avec un si grand succès.

Beaucoup d'Américains et d'Européens le disent en tout cas et ce n'est pas tout. Si nous voulons que nos armées puissent s'épauler, nous devons veiller à la compatibilité de nos systèmes d'armement. C'est une telle nécessité que beaucoup de gens commencent à pousser en faveur de productions communes, d'industries d'armement euraméricaines et non pas paneuropéennes qui seraient de fait, et pour longtemps, plus américaines qu'européennes. Là, beaucoup d'Européens s'étranglent, Français en tête, car pourquoi accepter l'idée d'une Défense européenne commune si c'est pour en conclure que nous devrions à nouveau confier notre protection aux Américains et continuer à dépendre d'eux alors que le contrat a tant perdu de sa fiabilité ?

Et ce n'est encore pas tout. Même lorsque nous nous serons mis d'accord sur la nécessité de nous doter d'industries paneuropéennes d'armement, même lorsque nous en serons arrivés là car la logique et les budgets imposeront ce choix, nous ne ferons qu'entrer dans l'inévitable, longue et féroce bataille d'intérêts entre nos États et nos industries nationales. Quelle part du capital reviendra à qui et en vertu de quoi ? Où les usines seront-elles installées et quels bassins d'emplois en profiteront ? De quelle nationalité seront les patrons et à quelles productions, de quel type et répondant à quels besoins la priorité sera-t-elle donnée ?

L'histoire d'Airbus est là pour nous dire que tout cela peut se résoudre. Cela se résoudra parce que nous ne pouvons pas nous permettre l'échec que les rapports de force internationaux nous interdisent mais on ne doit pour autant pas oublier qu'Airbus a vingt fois failli ne pas voir le jour tant les conditions de sa naissance ont été difficiles. Or, pour chaque industrie essentielle, nous nous heurterons aux mêmes problèmes que dans l'armement.

La construction de notre unité politique n'aura rien, en un mot, d'une croisière en eau douce et ce n'est toujours pas tout puisque l'épuisement de nos partis est tel que nous ne devrions pas accélérer la marche vers l'Europe fédérale. Nous ne pourrons bâtir un système réellement fédéral que sur un nouvel échiquier, bipartisan et paneuropéen, sans lequel l'Union n'aurait pas d'assez solides fondations politiques.

Je ne suis pas le seul fédéraliste à en être arrivé à cette conclusion mais en attendant ? Comment tenir ? Comment éviter que l'affaiblissement des partis traditionnels, l'arthrose dont nos démocraties viennent à en souffrir et l'opacité du fonctionnement de l'Union ne mettent aux commandes dans trop de nos pays la même sorte de menteurs incendiaires que ceux qui ont fait tant de mal à la Grande-Bretagne en lui vendant le Brexit comme le remède à tous les maux ?

Ce n'est pas que ce danger soit inéluctable. Tout n'est bien sûr pas perdu. L'hiver 2023 n'aura pas souri à Donald Trump. Viktor Orbán n'est pas au mieux de sa forme. Comme Recep Erdogan, les nationaux-conservateurs s'essoufflent en Pologne. L'avenir des nouvelles extrêmes droites n'est pas forcément radieux mais comment oublier que c'est avec un parti longtemps proche de Poutine, la Lega, que la droite et la droite dure ont pris les commandes à Rome, que le Rassemblement national en est presque à monopoliser l'opposition en France et que des partis ouvertement racistes se sont enracinés en Scandinavie ? Sur fond de difficultés économiques croissantes, nos pays peuvent connaître des moments destructeurs sur lesquels table Vladimir Poutine et qu'il faut s'employer à prévenir.

Comme à la fin des années 50 en France, lorsque le communisme était au plus haut, la gauche démocratique au plus bas, la droite éclatée et les institutions décrédibilisées, le temps des clubs est venu, clubs de réflexion politique, de résurrection de grands courants d'idées, de débats et de propositions. Parce qu'elle ne tient plus qu'à un souffle, il faut ranimer la vie politique en Europe. Il faut le faire autour de journaux, de revues et d'universitaires et chercheurs de toute l'Union et d'abord, avant tout, s'attaquer aux plus grandes questions que nos sociétés se posent, le faire sans interdits ni tabous et tenter d'y répondre, comme intellectuels, journalistes, élus, syndicalistes ou chercheurs.

Il y a un malaise sur la protection sociale qui est fait à la fois de crainte de la voir disparaître et de rejet de ses excès, abus et fraudes quand ce n'est pas de son coût lui-même. Alors cessons de faire comme si ce malaise n'existait pas alors qu'il fait et défait les majorités dans toute l'Union. Cernons et éliminons les formes d'assistanat indu, pas aussi nombreuses qu'on le dit mais pas non plus inexistantes. Rappelons que la protection sociale n'est pas un outil de redistribution des richesses mais une assurance collective contre la maladie, la vieillesse et le chômage, une mutuelle dont les sociétaires doivent veiller à l'équilibre. Réaffirmons, surtout, que la solidarité entre classes et générations sur laquelle se fonde la protection sociale est une marque de civilisation et l'une des valeurs fondamentales de l'Union.

Il y a un malaise sur l'immigration qu'il est absurde de systématiquement condamner comme l'expression d'un racisme alors qu'il n'y a rien d'illégitime à rappeler que la séparation de l'Église et de l'État, l'égalité entre les sexes et les droits des homosexuels ont été conquis de haute lutte en Europe et qu'ils sont à respecter par tous les immigrés car tout étranger doit accepter les mœurs de son pays d'accueil.

« À Rome, fais comme les Romains » car chacun comprend qu'on ne se promène pas plus en minijupe à Ryad qu'en burqa à Paris mais il n'est plus tolérable, d'un autre côté, d'entendre des partis politiques faire scander « Immigrés, assassins ! » parce qu'un immigré a commis un crime. Il est indigne de ne pas voir les succès de l'intégration pourtant autrement plus nombreux que ses échecs ; de continuer à regrouper les immigrés dans les mêmes cités et de se plaindre ensuite d'un développement du communautarisme ; de nier que nous fassions face à des manques de main-d'œuvre que seule l'immigration pourra combler ; d'ignorer, surtout, que seule une politique volontariste de codéveloppement eurafricain pourra mettre fin à l'immigration de travail illégale.

On ne devrait enfin plus ignorer, et cette liste n'est pas limitative, l'ampleur cachée de l'angoisse identitaire et culturelle née de l'évolution des rapports entre les sexes et de leur redéfinition. L'évolution des mœurs n'est aucunement imposée à une société européenne qui la refuserait. Les applications de rencontre ont autant de succès en ville qu'à la campagne et le mariage homosexuel est désormais presque aussi largement accepté que les relations sexuelles hors mariage l'étaient devenues dans les années 60.

Apparemment, pas de problème mais il reste, malgré tout, à surmonter un choc culturel et une absence de conceptions et acceptations assez communes pour que nos sociétés n'en soient pas souterrainement fracturées.

Ce n'est pas par hasard que, partout, la question du consentement se pose aujourd'hui avec tant de force ou que beaucoup des nouvelles extrêmes droites, Orbán et Poutine en tête, font de l'homosexualité la preuve d'une décadence occidentale. Parce que nos mœurs se sont très vite libéralisées et que la science fait évoluer la vie de la conception à la mort, sans doute avons-nous besoin de définir une morale de la liberté, tâche entièrement nouvelle et jamais tentée car cette question ne s'était pas posée jusqu'à présent. Ce sera difficile et semé d'embûches mais tout comme nous avons besoin de la responsabilité de nos gouvernants et de nos journaux, de nos institutions communes et de nos médias sociaux, de nos partis, de nos Églises et de chacun de nous, citoyens de l'Union, toute société a besoin d'une morale commune ou considérée comme telle.

En Europe, nous avons aujourd'hui à admettre que nous n'avons pas que des droits mais aussi des devoirs et des valeurs à respecter et transmettre, celles de la Déclaration des droits de l'homme au premier chef. Nous avons à comprendre que lorsqu'une société n'est plus habitée et cimentée par une ambition commune, lorsqu'elle tend à ne plus être qu'une addition d'individualités, son délitement menace. Nous avons tous à prendre conscience que la réussite de notre unité politique est un devoir auquel nous devons constance et fidélité, un impératif qui nous commande à tous de nous mobiliser car nous avons un destin à prendre en main, un monde à réinventer, des combats à mener.

Tout nous y oblige car en ne nous donnant pas les moyens de défendre la liberté, nous abandonnerions la bataille que l'Europe a menée depuis les Lumières pour rejeter l'absolutisme et ressusciter la démocratie. Tout nous y oblige car en renonçant à notre unité, nous soumettrions l'Europe aux dictatures et trahirions le monde en ne lui laissant pas d'autre choix que le retour à la loi de la jungle et au droit du plus fort.

Tout nous y oblige car en ne relevant pas le défi du nouvel élargissement, nous reprendrions le chemin des guerres fratricides et laisserions mourir la protection sociale qui est notre modèle et l'un des trois plus grands progrès de l'humanité avec l'État de droit et la séparation des pouvoirs. Tout nous y oblige car en ne réapprenant pas ce qu'est le courage de défendre son indépendance et sa liberté, nous laisserions place à l'affrontement des empires renaissants et au bras de fer sino-américain qui finirait par déboucher, avec ou sans guerre, sur un nouveau condominium.

Tout nous y oblige parce qu'il serait illusoire de tabler sur un retour des États-Unis en Europe au motif qu'ils ont volé au secours de l'Ukraine. Militaire et financière, leur aide aura été décisive mais s'ils n'ont pas voulu qu'une victoire de la Russie puisse encourager l'ambition chinoise de dominer ce siècle, ils ne reprendront pas en charge la défense de l'Europe parce que leurs contribuables ne le voudront pas et que leur champ de bataille n'est plus l'Atlantique mais le Pacifique.

Tout nous y oblige parce que la volonté d'affirmation chinoise est si conflictuelle qu'elle met la paix du monde en danger. Tout nous y oblige parce que la compétition économique avec nos alliés américains sera toujours plus brutale. Tout nous y oblige parce que Vladimir Poutine aura conduit la Russie au chaos et que la route de l'aggiornamento est encore longue sur les autres rives de la Méditerranée.

Tout nous oblige à relever le défi qui nous est lancé et il ne nous suffit pas de nous dire que nécessité fera loi. Ma conviction est que nous réussirons à faire de l'Union l'indispensable puissance d'équilibre entre la Chine et les États-Unis. Mon intime conviction est que nous parviendrons à faire d'une Union renouvelée l'un des trois grands de ce siècle mais la tâche est immense et la nécessité, elle-même, a besoin qu'on l'aide.

FIN

Remerciements

Je n'aurais pas vécu ce troisième acte de l'unité européenne et donc pas pu écrire ce livre si Clément Beaune et Philippe Grangeon ne m'avaient pas proposé d'être candidat au Parlement de l'Union.

Je les remercie de leur confiance comme je remercie Tamas Kugyela, Michal Matlak et Max Viskanic, qui ont formé avec Mélanie – Mélanie tout court car c'est un nom de guerre – la meilleure et la plus chaleureuse des équipes.

Table

Imprimé en France par CPI
en mars 2023

NORD COMPO
multimédia

Composition et mise en pages
Nord Compo à Villeneuve-d'Ascq

N° d'édition : 560542-0
Dépôt légal : avril 2023
N°d'impression : 174524